相手に気持ちよく「しゃべって」もらう技術

福田 健
Takeshi Fukuda

総合科学出版

はじめに……本当の話し上手は「しゃべらせ上手」でもある

人とつき合う上で、そして、仕事の成果をあげる上で、コミュニケーションがいかに重要な役割を果たしているかは、いまさら言うまでもない。にもかかわらず、日々の生活において、「コミュニケーションがうまくいかない」といった声が再三耳に入る。

多くの人がコミュニケーション上の悩みを抱えて生きているのである。大半の人は、

・話がうまくなりたい

・コミュニケーションを上手に取れる人になりたい

と望んでおり、それなりの努力もしているのだが、一向に改善される気配がない。

思うに、そもそも「話し上手とはどういうことか」が検討されないまま、今日まできているのが原因ではないか。本書ではこの点に着目して、**話し上手とは「しゃべらせ上手」のこと**である、と明言しておきたい。

その上で、**相手に気持ちよくしゃべってもらうためにはどうしたらよいか**、という点について解明していこう。

まず、なぜ「しゃべらせ上手が話し上手」なのか。

これまでの話し方の本は、いかに上手に話すかに焦点が当てられていた。だが、どんなにうまく話せても、一方通行的なものはコミュニケーションとは言えない。相手が聞いてくれて、初めてコミュニケーションとなるのである。

相手に話を聞いてもらう最上の方法は何か。それは、

「こちらも相手の話を聞くこと」

である。自分の話を熱心に聞いてくれる人の話には、誰もがしっかりと耳を傾けようとするからである。

ただし、「相手の話を聞く」にしても、その前提として、相手が話してくれなければどうにもならない、という問題がある。そこで本書の中心課題になるのが、

「相手に気持ちよくしゃべってもらう」

ということであり、そのためには、どのような方法があるか、である。

そうした流れをまとめると、次のようになる。

①相手に気持ちよくしゃべってもらう

②しっかりと話を聞く

その結果、

③話を聞いた上で、こちらもしゃべる
④相手も熱心に耳を傾けてくれる

というわけで、「しゃべらせ上手」になることこそ「話し上手」になる近道なのである。

一見、回り道をしているようでいながら、実は近道であることが、本書を読んでいただければご理解できるはずである。

本書は、単に「聞き上手」にとどまるのではなく、「しゃべらせ上手」にまで的を広げている。あなたのまわりの本当に話し上手と言われる人は、自分だけ流暢《りゅうちょう》にしゃべるのではなく、相手に話してもらうのが上手な人である。

このことが顕著に表われるのが交渉事である。交渉において最重要課題は、相手の真の要求を知ることである。自分の要求をまくし立てることではない。相手にしゃべらせることの上手な人こそ、交渉上手なのである。むろん、このことは交渉に限らず、話し方全般に言えることである。

多くの方の一読を願う次第である。

福田　健

二〇一六年十二月

【相手に気持ちよく「しゃべって」もらう技術】目　次

【第2章】

「聞く」だけで、ただ黙っていては、「しゃべって」くれない

第3章 相手に気持ちよく、もっと「しゃべって」もらう技術

第4章　質問上手になって、相手に「しゃべって」もらう

第5章
聞く力を磨くと「考える力」が身につく

第1章

「話すこと」が苦手なら、「聞くこと」から始めよう！

1 話はうまくならなくてもいい!?

❖自意識過剰は禁物!

たいていの人は、
(もっと、話が上手になりたい)
と思っているはずだ。
(私は話し下手で引っ込み思案だから)
と、あきらめている人でも、できれば、
(話がうまくなるに越したことはない)
と、望みをかけているに違いない。
それなのに、話し方を教える先生が、受講者に向かって、
「話はうまくならなくてもいいんですよ」
と言ったとしたら、

（え⁉　いったい、どういうこと～？）

と、疑問が渦巻くのは当然だろう。

実は、私は社会人になって三年目に、

（話がうまくなりたい）

と思い始め、話し方教室に学びに行った。そして、初日に、担当の先生が発したのが、ここに紹介した一言だったのである。

（どうして？　うまくなりたいから、教室に習いにきたんじゃないか）

私は不満を覚え、先生に反問した。

「なぜ、うまくならなくてもいいんですか」

先生は、穏やかな笑顔を浮かべて言った。

「急がなくていいんです。理由はそのうち、わかります」

そのうちでなく、すぐ知りたかったが、そのときはわからずじまいだった。

それから三年たって、話し方の講師になろうと決心したときに、その理由がわかった。

実は、答えはうまく話そうという気持ち自体の中に隠れていたのだ。**うまく話そう、相**

手を感心させようと、自分のことばかりに気持ちがいって、肝心要の相手をそっちのけにしてしまうからだった。

簡単なことでも、わかるまでに時間のかかることがある。時間をかけてわかったことは、理解も深いし、喜びも大きいものである。

❖「あがり性」でも大丈夫

話し方研究所が開催している「話し方教室」に来る人たちは、職場のリーダーだったり、説明の機会が多い技術者だったり、あるいは人前で話すのが仕事だったりという、「話すことに馴《な》れている」「すでに充分話ができる」人たちが多い。一通り話すことはできるが、自己流でやってきたので、「正式に勉強して、もっとうまくなりたい」という人たちである。

いまから十年ほど前は、人前に立つと緊張して何も言えないという、明らかに「話し下手」の人たちが受講者の大半だった。

ただし、いまの場馴れして、一応上手に話せる人たちと、かつての「あがり性」のために、つっかえつっかえ言葉を出して話す人たちとを比べると、必ずしも、「いまの人たちのほうが上手」とは、言えないのである。

たとえ「話し下手」であっても、一生懸命さ、真剣さが話し方に表われていると、聞く者は、

（大丈夫ですか、頑張って）

と、思わず、応援したくなり、

（いい話だった）（印象に残った）（感動した）

という人まで出てくることもある。

一方、話し馴れている人の話は、

（うまいんだけど、緊張感がない）

との印象を与えてしまったりする。

――緊張する。あがる。

いけないことのように思うのは、実は間違いである。逆に「あがらない」ほうが問題で、ときに、（どう、うまいでしょう）といった、自慢気な態度が見え隠れすると、かえって「歓

迎されない話」になって、マイナスになる。

話すときに緊張するのは、むしろプラスの効果をもたらすのである。

❖「よい緊張」と「よくない緊張」

脳科学者の茂木健一郎氏と、将棋界の第一人者・羽生善治氏の共著に『「ほら、あれだよ、あれ」がなくなる本』（徳間書店）がある。その中で、羽生氏は、「緊張感」について次のように語っている。以下に紹介させていただく。

緊張しているとか、プレッシャーがかかっているとか、なにか上がってしまっている時に、それが程よい場合と、ガチガチになってしまってうまくいっていない場合の2種類があると思います。

よくない緊張には「身がこわばる」という表現があります。

身がこわばっているという表現が当てはまる時は、あまりいい状態の緊張ではありません。

いい緊張には「身が引き締まる」という言葉があります。

身が引き締まっているというのは、ある程度の力は入っているのですが、ただ、必要以上は入っていない状態です。

話し下手の人が陥《おちい》る緊張も、

（自分はあがり性だ、ダメなんだ）

と、マイナスに判断すれば、ガチガチ状態の「よくない緊張」になってしまうに違いない。視点を変えて、**あがりをプラスに捉えることができれば、「身が引き締まる」という表現がピッタリの「よい緊張」**となる。

❖「相手を知る」ことから始める

急いでいると、近道を行きたくなる。だが、近道には思わぬ危険が潜《ひそ》んでいたりして、遠回りのほうが、結局は早く到着できる。こんな意味の諺《ことわざ》として、「急がば回れ」は、現代人も口にする、お馴染《なじ》みの言葉である。

さて、（話がうまくなりたい）という思いだが、これは人を駆《か》りたて急がせる「危険」を含んでいる。急ぐ気持ちが、かえって「話し上手への道」を塞《ふさ》ぐことになるのだ。

急ぐ人は、目先のことに心を奪われて、なんのために話すかという、「話の目的」を見失ってしまう。一呼吸おいて、気持ちを落ち着かせて、

(話の目的は何か)

と、自問してみよう。

話の目的とは、必要な情報を相手に伝えることにあるはずだ。相手に伝えるためにどうするか？　これだけを考えれば、急ぐ心やよくない緊張は消える。

また、急ぐ人は目的を見失うばかりか、話す相手をも見失ってしまう。

話は相手と共に行なわれる、メッセージのやりとりである。急ぐあまり、自分のことにだけ目がいって「相手無視」では、話は自分勝手なおしゃべりでしかない。相手のことを考え、相手について知らなくてはならないのである。

相手を知るためにはどうするか。その人から話を聞くことである。相手のことを考えずに的外れな話をするよりも、聞き役に回って相手を知ろうとつとめ、的を射た話をするほうが、結局は「話し上手」になる近道なのである。

先の話し方教室の先生の、

「話はうまくならなくてもよい」

という、この謎めいた一言の意味は、ここまでくれば、

「それよりも、まずは聞くことから始めよ」

であると、わかるのである。

日本では昔から、

「話し上手は聞き上手」

と、言われてきた。

この言い伝えは、**仕方なく聞くのではなしに、進んで聞き役に回ることが、話し上手への近道**なのだと説いた、きわめてアクティブな一言だったのである。

外国でも、話し上手は、「good listener」でなければならない、とされている。

「聞く」は〝休息〟ではない。コミュニケーションの一方の担い手である聞き手が〝休んでいる〟のでは、コミュニケーションは止まってしまう。聞くのは「話し手」への働きかけであり「活動」なのである。

2 「話の上手・下手」を決めるのは自分ではない！

❖話を評価するのは聞き手

誰かの話に対して、（あの人は話し上手だ）と判断するのは、本人ではなく相手であり、まわりの人たちである。それは「話し上手」というレッテルを貼《は》られるようなもので、もし本人が自分で貼ったとしても、周囲の人たちが認めなければ、レッテルはすぐにはがれてしまう。

話が上手か下手か――。それを決めるのは相手であり、周囲であるにしても、いざその場に臨《のぞ》むと、ケロリと忘れ去ってしまうのが人間である。

入社三年目のC君の話である。

顧客からの依頼で、あるシステム設計の提案について、プレゼンテーションを行なった。充分準備もした上に、いざ始めてみるとクライアントの反応もよく、

（うまく話せた。ＯＫ間違いなしだろう）

と満足して社に戻り、上司にその旨を報告した。ところが、意外なことに翌日、先方からは断りの返事が届いた。電話口でＣ君は思わず、

「え、どうしてですか!?」

と、叫んでしまった。しかし、「とにかく、そういうことだから」の一言で、電話を切られてしまった。

内容も先方の要望に沿ったものだったし、話の展開もスムーズにいったし、（万事、うまくいった）はずだった。振り返って、気になったのは、先方のキーマンである部長が時折腕組みをして、難しそうな顔をしていたことだけだった。

しかし、ほかの人たちは熱心に聞いてくれたし、もし部長に何か気に入らないことがあったとすれば、そのほうがどうかしている。頭が固く、気難しそうなあんな人を相手にしていたら、話にならない。悪いのはあの部長であって、自分ではない……。

こう考えると、Ｃ君は翌日も一日中、面白くなくて、不機嫌さを露《あら》わにしていた。帰り際、上司が近づいてきて言った。

「どうした、やる気曲線が下がっているようだな」

「ええ、下がりっぱなしです」

「お前も三年目で、仕事の難しさがわかり始めたんだよ」

「どういうことですか？」

「何事にも相手があるってことだよ」

C君の頭に、取引先の部長の姿が浮かんだ。

「決めるのはお客さんだ。お前じゃないってことだな」

仕事も一通り覚え、自信が出てきたC君は、〈決めるのは自分〉と、思い上がっていたようである。

❖「自分は話し下手」と決めつけない

〈失敗した〉〈うまく話せなかった〉と、ガッカリして落ち込む人がいる。ここには、二つの勘違いがある。

一つは、一度うまく話せなかっただけなのに、それを全体に広げてしまう勘違いである。

「キミの説明はよくわからない」

と言われた場合、あなたはどう対処するだろうか。

たった一度のことなのに、（ああ、自分は説明下手だ）と思い込む。その結果、次の説明のときも、（自分は説明下手だ、説明が苦手だ）といった思いに引きずられて、わかりにくい説明を繰り返してしまうのである。

一度や二度の経験で、（自分は話し下手）と決め込んでいる人が多い。しかし、それは間違った認識であると気づき、**明確な改善点を見つけて次に臨めるよう、頭を切りかえておく**ことである。

二つ目の勘違いは、失敗だったかどうか決めるのは相手であって、自分ではない、ということに気づかない点である。

実は、そんな経験が私にもある。消防隊の隊長ばかりが百人ほど集まった会場で、講演をしたときのことである。

消防の仕事は隊長の命令一下、テキパキと行なわれる。ただし、勤務外で昼休みなど部下と一緒にいるときは、雑談などでその場の空気を盛り上げたりしなくてはならない。

命令口調に馴れている隊長にとって、こういう場での話は苦手らしく、そこで「会話上手になるためのコツ」について話してほしいとのこと。

それならばと、民間企業での上司と部下の事例を多く取り入れて、話をし始めた。ところが、聴衆からは笑いも頷《うなず》きもなく、表情は一様に堅苦しく、終始シーンとした窮屈な雰囲気が続いた。いわゆる〝話が入らない〟状態である。私は（失敗した）と思った。少なくとも講演が終わった時点ではそう思っていた。

ところが、後日送られてきたアンケートを見て驚いた。「話が面白かった」「事例が参考になった」など、聴衆の九割は「いい話だった」と、満足してくれていたのだ。

自分では失敗だったとガッカリしていたのに、相手は（いい話でした）（話し上手ですよ）と、私を評価してくれたのである。

実は隊長たちは、講演の場で笑ったり頷いたりするのは不謹慎《ふきんしん》であり、「真面目に聞け」と自分に言い聞かせていたために、硬い表情で聞いていたのだった。

話は、話し手を離れてしまえば、もはや相手のものと割り切ることである。（つまらない話をしてしまった）（私は話し下手だ）と、くよくよしても始まらない。

そんな心配をするより、上手・下手を決める相手について知ろうとするほうが大事である。相手を知るためには、「話すより聞くことから始める」をモットーにすべきである。

3 一方的にしゃべってばかりでは嫌われる

❖「沈黙は金」は通用しない

かつての日本では、「沈黙は金」ということで、よくしゃべる人よりも口数の少ない人のほうが重んじられた。だが、いまの日本では「沈黙は金」は通用しなくなった。「話さなくてはわからない」時代なのである。

「沈黙は金」が成り立つためには、「話さなくてもわかる」という前提が必要になる。話し手の考えや気持ち、何をどうしてほしいといった要望など、かつての聞き手は、話し手が口にしなくても察することができた。コミュニケーションは、聞き手の〝察する力〟によって支えられていたのである。

「話さなくてもわかる」、すなわち「察し型」のコミュニケーションでは、わざわざ口に出すこともないし、口に出して話したりするのは控えるべきだとされていた。要するに「言わぬが花」「言葉多きは品なし」だったのである。

ところが、技術の急速な進歩によって、新製品や新しいシステムが次々と生み出され、生活様式は変わり、価値観も多様化した。若い世代と年配者との間には「ジェネレーション・ギャップ」がどんどん広がり、お互い相手を〝異人種〟のごとく見るようになった。職場でもさまざまな雇用形態がとられ、それとともにいろいろな人が出入りするようになった。

こうして、**「話さなくてもわかる」という前提は崩れて、「話さなくてはわからない」という状況に変わった。**コミュニケーションの取り方も、「察し型」から、進んで自分から話していく「発信型」へと移行することになったのである。

❖「発信の仕方」を工夫する

話さなければわからない、ということで、発信につとめるにしても、「話したからわかってくれる」とは限らないというのが現実である。

そこで、壁にぶつかってしまう。(どうしてわからないんだろう)とイライラして、なんとかして(わからせたい)(わかるように話したい)という思いから、「まず発信」が「もっと発信」になり、「さらに発信」と、発信を重ね始める。

考えてみれば、察し型コミュニケーションが通用していた頃は、「聞き手が察してくれた」ので、話し手は、話してわかってもらう努力・工夫をほとんどしてこなかったのである。だから発信型に変わったからといって、急にうまく話せるようになるはずもない。性急に自分を「話し下手」と、決めつけないようにしたい。

まずは、急がずに「相手を知る」ことから始める。そのためには、**しゃべる一方にならない**ように心がけることである。

いくら自ら表現しなければならない時代だとはいっても、「しゃべりすぎ、しゃべる一方」では、人に敬遠され、嫌われる。人間は意識していないと、ついしゃべりすぎてしまう。そこに、上手にしゃべりたいという気持ちが加わると、発信過剰になる。

「言わなくてもわかる」相手に、いろいろ言う必要はないし、一度言えばわかる人に、何度も言葉を重ねれば、（くどい）（うるさい）となるだけだ。相手の胸中に思いを馳《は》せず発信を続けては、話す一方のコミュニケーションになってしまう。これではコミュニケーションとは呼べない。双方向でこそ、コミュニケーションなのである。

一呼吸おいて、相手を知るようにつとめよう。聞くことから始めるのだ。とはいっても、聞くというのは相手の話に黙って耳を傾けることではない。この点については、第2章で改めて述べたい。

そして第二に、**話し方の上達をあきらめない**こと。

話すのが苦手、しゃべるのが嫌いという人は、世の中に決して珍しくない。「察し型」のコミュニケーションが主流だったときは、口数の少ないところを相手が察して、補ってくれていたが、コミュニケーションが「発信型」になると、〝察し〟は期待できなくなる。

ただし、幕なしにしゃべらなくてよい。口数は少なくていいから、とにかく、発信してみたらどうだろう。近頃、職場に限らず、人の多く集まるところでよく見かけるのは、次のような極端な人たちである。

・しゃべる一方の人

・無口で黙るばかりの人

生まれつき無口という人はいない。口数が少ないか、話す速度がゆっくりなだけである。そこで、しゃべる一方の人が聞き役に回る。無口の人が言葉少なながらもしゃべる。これで、バランスが取れる。

4　「聞くこと」から始めると、気持ちが楽になる

❖熱心に聞けば喜んでもらえる

たしかロシアの作家の言葉だったと思うが、時折、ふと浮かんでくる。

「仕事が楽しければ、この世は楽園だ」

仕事は辛《つら》いもの、厳しいものというのが世間一般の相場だが、中には、辛い仕事を楽しくやっている人もいる。その人にとって、仕事場は、この世の楽園ということになろう。

仕事を楽しくするには、それなりの工夫や仕掛けが必要になる。

営業担当のＢ君は、最近、成績がさっぱりあがらないので、つくづく仕事にいや気がさしていた。

そこである日、いつも元気のいい先輩に聞いてみた。

「仕事、楽しいですか？」

すると、先輩は一瞬思案したあと、こう言った。

「仕事なんて楽しいはずがないだろう」

「でも、先輩を見てると、楽しそうに見えるんですけどね」

「楽しくなる仕掛けをしてるからさ」

「どうすればいいんですか？」

「そうだな、一度、お客さんに聞いてみろよ」

お客さんに何を聞くのか戸惑ったものの、B君はその先輩の言葉通り、翌日、訪問先のお客さんに聞いて回った。

「どうしたら、売上げを伸ばせるでしょうか？　教えてください」

こんな質問を買い手であるお客さんにぶつけたのだから、

「それをこの私に聞くかね」

と、呆《あき》れ顔をした人もいたが、中には、

「なんといっても、お客が喜ぶことをする、これだろうな」

と、真面目に答えてくれた人もいた。

お客が喜ぶこと。客は**自分の話に熱心に耳を傾けてくれる**ときに喜ぶ。

人は、自分の話を熱心にきちんと聞いてもらえるとうれしくなる。表情もほころんでくる。お客だって同じことだ。（売り込みにきたな）と思えば、警戒もするが、「ひたすら熱心に耳を傾けてくれる」人にはうれしくなって、心を開いてしまうのが人情だろう。

お客に役立つ最新情報を提供すれば、「貴重な情報をありがとう」と、喜んでくれるかもしれない。だが、いまの時代、情報はネットなどさまざまな媒体からも入手できるし、また、常に貴重な情報を提供できる立場にいる人も少ない。

それに比べて、「熱心に話を聞く」ことはいつだってできる。

相手の喜ぶ顔を見るのはうれしいものである。やがて一カ月、二カ月とたつうちに、B君に、

「今日はいろいろ話ができて楽しかった。また、近いうちに顔を出してよ」

と、言ってくれるお客も現れてきた。

「これまでは、お客さんに会うのが重荷でしたが、いまでは気軽に訪問できるようになりました。あとは……」

売上げが伸びるのを待つのみです、ということだろう。

❖身構えると相手も疲れてしまう

あなたは、人と話すとき、

・失敗しないように

・隙を見せないように

・自信なさそうに見られないように

といった気持ちで、身構えていないだろうか。

これでは疲れて、話すのが苦痛になる。自分が疲れを感じると、実は相手をも疲れさせるのである。あるとき、

「よくしゃべる人って、自分に自信がない人が多いんですよね」

と、三十代後半のある男性から言われた。何気ない一言だったが、「なるほど」と、思い当たるところがあった。

賑《にぎ》やかにしゃべって、一見話し上手、自信満々に見えるのだが、本当は自信がなくて、弱味を見せまいと虚勢を張っている。そんな人を見かけたことはないだろうか。

K君という男性がいる。

彼は「知らない」という言葉を使ったことがない。正確に言えば、使えないのだ。

たとえば、初めて訪問した会社で、先方の人から、

「このあたりは似たような街並みが続いているので、わかりにくかったでしょう」

と、問われても、

「いいえ、すぐわかりました。以前、一度来たことがありますので」

と答える。実際には道に迷ったにもかかわらず、そう言えない人なのである。

「実はちょっと迷いました。約束の時間に遅れてはいけないと、少々あせりまして」

苦笑気味に正直に言ったほうが、相手も親しみがわくのに、背伸びしたがるタイプなのである。

「地下鉄の銀座線が、昔なつかしい黄色の車両を走らせたようだな」

と先輩。

「ええ、そうですよ」

とK君。

「もう、全部、黄色の車両に入れかえたのかな」

「ええ、もうすべて黄色の車両です」

脇で聞いていた事務のC子さん、心の中で呟《つぶや》いた。

（まだ、全部というわけじゃないのに……、こういう男性とはつき合いにくい）

仮に、なんでも知っている知識豊富な人でも、自分の知識をひけらかせば、相手をへこませることになって、「会話の水平感覚」が失われる。

会話上手な人に共通するのは、
①知らないことは知らないと言える
②知っていることを、ことさらに誇示しない
という二点である。

元来、自信などというものは根拠のないものである。根拠がないのに無理してあるように振る舞うから、自分も疲れるし、相手をもシラケさせる。

よく知っている人ほど、「知らない」と力を入れないで言えるのである。その分、**会話も身構えずに、ラクに進められる**のである。

5 「その場力」を鍛えれば会話は弾む

❖会話はマニュアル通りには進まない

あるとき、次のように聞かれたことがある。

「あなたは考えてから動くほうですか？　動いてから考えるほうですか？」

私は、まず考えてから動くほうだと思う、と答えた覚えがある。ただし、考えるなら、「考えて考えて、考えぬく。その上で行動する」

という人もいる。宅急便の創始者・小倉昌男氏の言葉である。周到に考えて「満を持して」動き出した結果の産物が、今日の「宅急便」である。

私の場合、一応考えてから動き出すのだが、中途半端に考えて行動に移すことがあって、途中で動きがとれなくなると、（やめておくか）と放り出してしまう。まずいパターンである。結果も中途半端になる。

まず動く。動いてから考える。行動派の人たちのとるスタンスだ。まずはやってみて、何かが起こったときに、その場で考え、対処する。臨機応変な力の持ち主なのだろう。

「いや、単なる楽観主義で、なんとかなるさっていう、いい加減さによるものだよ」

と謙遜《けんそん》する人もいるかもしれないが、このいい加減さが、意外に会話を弾ませ、楽しくするのにプラスになっているのだ。

会話では、**話すことを前もって用意して、その通り話したのでは、マニュアル通りの応対同様、場に合わないもの**になる。

❖用意した話は退屈この上ない

久し振りに、後輩に誘われて飲みに行ったときのことである。彼が言うには、案内してくれるお店は、

「うまい日本酒がたくさん置いてありますし、料理もおいしくて、店の雰囲気もレトロっぽく、私の気に入ったところです」

とのこと。

そう言われて、レトロっぽいとはどんな雰囲気か？　と口をはさもうとしたが、その間もなく、「女将《おかみ》さんがやり手で、ほかにもお店を三店持ってましてて」などと、後輩は道々、

よくしゃべった。

店に入ってからも、「この店の馬刺しは特別おいしいんです」などと、店のことをいろいろと説明してくれる。一つひとつの説明は簡潔でわかりやすく、事前に何をどう話すか、用意していたらしい。初めのうちは感心して聞いていたが、私にも話したいことが浮かんできて、

「実は学生時代の友人が、この近くの旅館の息子でね」

と、切り出しても、「そうですか」ですまされ、彼が用意してきた「いかに素晴らしいお店か」という話に戻ってしまうのである。

彼からすれば、飲むのが好きな私のために、店の紹介を予定通り進めているのだが、こちらとしては「あの花瓶、高そうだね」などと、思いついたことを話したくて仕方がないのだ。けれども、彼は気づいていないようだった。

三十分くらいして、挨拶《あいさつ》に現れた女将とは会話が弾んだ。畳の部屋で、足をもてあますように座っている私の様子に、

「すみません。座りにくいでしょう？」

と、気づかってくれた。

「ああ、いや、大丈夫ですよ」

「炬燵《こたつ》を掘らなければと思っているんですけど、秋にとりかかる予定なんですよ」

「いっそのこと、テーブル席にしたらどうですか」

「福田さんもそう思われますか」

「あれ？　どうしてぼくの名前、ご存じなんですか？」

「前もって、お聞きしてあるんですよ」

「そうでしたか。でも名前って、覚えるの大変ですね。私も名前を覚えようと、いろいろ工夫しているんですが、なかなかねえ」

「先生は名前を覚えるのがお上手なんだと、Eさんからうかがってます」

（こいつ、いらぬことを！）と、内心舌打ちしつつも、満更でもない気持ちになって、私は女将との会話を続けた。


用意した話にこだわらず、その場で思いついたことを話題にしながら相手にしゃべらせるのが上手な女将だった。

「いま・ここ」を大事にして、リアルなやりとりを心がければ、会話上手になれるのだ。

❖会話に大切な「その場力」

「その場力《ばりょく》」といっても、ピンと来ない人が多いに違いない。なぜなら、私が勝手につくった言葉だからである。ただし、この言葉の意味するところは結構深い。

会話に限らず、あらゆる話には、〝その場に対応できる〟力が求められる。

スピーチやプレゼンテーションなど、大勢を前にしての話では、事前の準備は欠かせない。その場の思いつきで、なんの一貫性もなくしゃべったのでは、支離滅裂《しりめつれつ》な話になってしまうからだ。

そこで、事前に充分準備し、リハーサルもして本番に臨むのだが、それでもコミュニケーションの場では、想定外の事態が発生するものである。そうなると、準備した内容も、その場で変えなくてはならなくなる。

充分準備し、その場に臨んでも、一方で準備にとらわれない「その場力」を発揮できるかどうか、ここが肝要なのである。

日常の会話ほどでないにせよ、どんな話にも〝想定外〟の要素はつきものなのである。

会話のように、ほとんど白紙で臨む場合もあれば、事前準備をしっかりしつつも、その場の変化に応じられる力が必要になる場合もある。

❖誰でも身につけられる「その場力」

近頃は、女性に気軽に声をかけたり、誘ったりする男性が少なくなった、といわれる。理由はおそらく、女性との会話で「その場力」が発揮できず、思いがけないやりとりに発展した場合、もてあまして対応しきれない、という心配や恐れがあるからではないだろうか。

この「その場力」は、逃げたり恐れたりしないで場数を踏めば、誰でも身につけることのできる力なのである。

それを身につける方法は、第一に、「人の話を聞く」ことである。

なぜか。聞くというのは、あらかじめ用意してできるものではない。聞く前にどんな話かを予想することはできても、実際に話を聞いてみると、外《はず》れることが少なくない。つまり、本当のところは聞いてみないとわからないのである。むしろ、前もっての思い込みや先入観が邪魔になり、相手の話をそのまま素直に聞けなくなったりする。

まず相手の話を聞いて、次に返し方を考えるのである。

女性と会話をするのが上手な男性は話を聞くのがうまい。先入観を持たずに相手の話を聞いて、その場で上手に話を返せるのである。仮に、話を聞いてうまく返せなかったとしても、女性は男性が自分の話に熱心に耳を傾けてくれるだけで満足する。

「いま・ここ」の相手の話を大事に思って、ひたすら聞き入れば、それは態度にも表われるから、話し手は聞き手に好意を抱くようになり、会話も弾んでくるのである。

熱心に話を聞いていると、話し手に好感を与えるだけでなく、聞いてどう返すかについても頭が回転し始める。

次に何を話そうかと考えると、聞くのが上の空になる。**聞くことに専念すれば、相手の話の中から、話すことが浮かんでくる。**聞いていて、身に覚えがあるなと思ったら、

「そうだよね、ぼくも似たような経験を思い出したよ」

と返せば、「へえ、どんなこと？」と、相手も乗ってくるだろう。

❖「電車で席を譲る」ときのやりとり

「その場力」を身につける第二の方法は、電車の中でのやりとりだ。

よく見かけるのが、優先席に若い人が座っている光景である。優先席と明記されているのに、なぜその席に若い人が座るのか。お年寄りが乗ってきて、目の前に立っていても知らん顔となると、（いったい、どういう神経をしているんだ）と、いら立ってしまう。

（席を譲っても、断る年寄りがいるからね。いやな思いをしたくないし……）

こんなふうに考える人もいることだろう。


「どうぞ」

と言って立ち上がったのに、

「いいんだよ」

と、首を横に振られる。気まずく、いやな気分を味わうことになる。だが、この瞬間こそ「その場力」を試してみるチャンスである。

「次で降りられるんですか？」

「いいや」

「でしたら、どうぞ、お座りください」

少なくとも、このくらいのやりとりはしてほしいところだ。それでも相手が断ってきたときには、どうするか。


先日、車内の優先席の前に、七十歳前後の男性が立った。座っていた三十歳ぐらいの男性が立ち上がって、「どうぞ」と、席を譲った。

「私はね、座らない主義でね」

反対側に座っていた私にも聞こえる、はっきりした声で、年配の男性はこう答えたのである。私は内心、（だったら、優先席の前なんかに立たなければいいのに）と思ったのだが、声をかけた男性は「失礼しました」と、まず詫《わ》びてから、

「できればここより、向こうに立ってください」

と明るい声で、はっきり言ったのだ。まわりの人たちは、一斉に年配の男性に視線を向けた。「わかった……」と、呟《つぶや》くように言って、彼は優先席の前から離れた。

（よくぞ言ってくれた）と、多くの人が心の内で喝采《かっさい》を送ったことだろう。咄嗟《とっさ》に、こんな返し方ができる人は少ない。このとき、私は次のように考えた。

①声をかけた男性は、日頃から席を譲ることに馴れている

②相手のいろいろな反応への「その場力」が鍛えられている

右の条件が備わっている人なら、この男性のような応対も可能である。

毎日の会話に、いちいち事前のシナリオはない。自らの「その場力」で切り抜けていくしかない。うまくいかなかったときは、その経験を次回に生かせばよい。

第2章

「聞く」だけで、ただ黙っていては、「しゃべって」くれない

1 「聞くのは簡単!」という勘違い

❖〝受け身〟のイメージは誤った認識

あなたは自分のことを「話し下手」「聞き下手」のどちらだと思っているだろうか。
多くの人は、（話すのは苦手）と思っても、「聞く」となると、（聞くのは得意）（聞くくらいなら自分にもできる）と、考えているのではないだろうか。

つまり、（話すより聞くほうがラク）（聞くのは簡単）と、思い込んでいないだろうか。
「だってそうでしょう。話すのは、自分から発信しなければならないけど、聞くんだったら、黙って聞いていればすむんだから」

一見、もっともらしい言い分である。たしかに、話すのはメッセージを発信する行為であり、なんらかの意図（目的）を持った、相手への働きかけである。

これに対して、聞くのは発信に対する受信、送り手からのメッセージを受け取るという、受け手としての認識が定着しているために、「受け身」のイメージが伴う。「聞く」＝「黙って聞いていればよい」と思いがちなのも、「受け手」のイメージが先行するからである。

ただし、聞くといっても、相手が話してくれなければ聞きようがないのだが、相手は話してくれるものだ、との前提に立っている。しかし、この前提は現実的ではない。

たとえば、後輩に、

「キミの意見を聞かせてほしい」

と持ちかけても、「別にありません」と口を閉ざされることも珍しくない。そこで黙っていては、聞き手にさえなれないのだ。

こちらが黙っていても、しゃべってくれる人はいるかもしれないが、それには日頃から話し手との間に良好な人間関係ができていることが必要である。あるいは話し手がしゃべり好きという偶然が条件となる。

むしろ、現実の話し手は、
・口の重い人
・気難しい人
・肝心なことは何一つ言わない人
などが大半である。このような話し手から話を聞き出すにはどうしたらよいだろうか。

❖「聞く」はアクティブな働きかけ

先日、電車の中で、三十代半ばの二人のビジネスマンが、こんな会話を交わしていた。

「今夜は、ぐっと一杯いきたいね」

「いいね、久し振りに」

「思い切り飲もう！」

「でも、明日、大丈夫か？」

「朝、会議があるけど、どうせ聞いてりゃいいだけだから、かまわないさ」

「ハハハ、それもそうだな」

企業間でも、会社内部の社員同士でも、熾烈《しれつ》な競争が行なわれているはずのビジネス社会の住人の、この陽気な会話はいったいなんなのと、耳を疑いたくなったが、とりわけ、「聞いてりゃいいだけ」というセリフが気になった。

これとは別のシーンで、かつて、こんな言葉も耳にしたことがある。

「今日は疲れてるから、お前しゃべれ。オレ、聞いてるから」

忙しく動き回って、しゃべるエネルギーもないので、「聞いてるから」。

これらはいずれも、「聞いている」＝「休んでいる」という意味で使われている。

黙って聞いている人でも、本気で話に聞き入っている者もいる。一方、「聞いている振り」だけで「休息」している者もいる。だが、聞いているように見せかけて聞いていなければ、「聞く」とは言わないのである。

聞き手としては聞かないという選択もできるが、なんらかの目的を持って聞くとき、すなわち「聞こうとして聞く」場合、「聞く」とは休息ではなく、こちらから働きかけるところの「活動」なのである。

黙って聞いていても、真剣に聞いている人もいる。だが、**せっかく聞くのなら、聞いていることが相手に伝わるように、言葉と態度で表現**しながら聞きたいものである。

また、長々とした話につき合う場合、「聞いている振り」をして休息するのも一つの方法である。とはいえ、上手に聞き流しているつもりでも、相手はそのことに気づいているかもしれない。とすれば、（いい加減な人）との評価を下されても仕方ないだろう。

「聞く」というのはアクティブな「活動」であり、真剣な働きかけであってこそ、話し手もその気になってしゃべってくれるのである。

2 「話しやすい」人と「話しにくい」人

❖"安心して話せる"人に情報は集まる

かつて、私の知人にFさんという男性がいた。

彼はよくしゃべり、服装も派手で、まわりからは太っ腹な人物と見られていた。ただ、何かの折に、眉間《みけん》にしわを寄せ、硬い表情を見せることがあった。もっとも、それはほんの一瞬だったので、たいていの人は気づかずにいた。

Fさんは根っからの女性好きで、飲みに行って、気に入った女性を見かけると、すぐに口説《くど》きにかかる。あとで会った際に、ことの顛末《てんまつ》について聞いてみると、

「もちろん、OKしてくれましたよ」

と、自信たっぷりに言ってのけるのだった。

誰もが、Fさんを豪放磊落《ごうほうらいらく》な人物と見なしていたが、私は幾分、(どうかな?)と、感ずるところがあった。

あるとき、Fさんと古くからつき合いのある居酒屋の女将が、Fさんについて、こんな話をしてくれた。

「Fさんって、あれで相当ナーバスな人なのよ。自分が話して、相手の人が反応しなかったり、ぜんぜん別の話を持ち出したりすると、内心、ピリピリしているのが、傍《はた》で見ていて伝わってくるのよ。だから、Fさんが話し出したら、驚いてみせたり、大ゲサなくらい、反応して聞いてるの」

「へえ、そうだったの」

「ああ見えても、自分の話が熱心に聞かれているかどうか、すごく気にしているんだと思うわ」

なるほど、と私も思い当たった。

Fさんが女将のことを、

「彼女はとても話しやすい女性でね」

と、評していたのを思い出したからだ。

一見、小さなことを気にしない、屈託《くったく》なさそうな人でも、自分の話がどのように聞かれ

るかは気がかりなものであることを、Ｆさんの例は教えてくれる。

話し手からすれば、

・あなたの話は聞いてますよ、ほら、この通り

・大丈夫、ＯＫですよ、続けてください

と、打てば響くような聞き方をする人に対しては、安心して話すことができる。まさに「話しやすい人」となるのである。

こう書いてしまえば当然と思えることでも、このことに気づいている人はそんなに多くないように思う。なぜなら、会って話してみて、

（この人は話しやすい。また話してみたい）

という人物は、決して多くはないからである。

聞いているということを、いち早く、きちんと相手に伝える「話しやすい人」には、話し手はつい口が軽くなり、大事なことまでしゃべってしまいかねないものだ。言いかえれば、「話しやすい人」とは、**話し手から、重要な情報を聞き出すのが上手な人**でもある。

「相手にしゃべらせる技術」といった場合、その根本のところは、相手に「話しやすい人」と思われているかどうかなのである。

❖質問攻めにしないで、自分のことも話す

人に紹介された男性と、レストランで食事をした女性が、そのときの感想を話してくれた。

「昔のお見合いって、こんな感じだったんですかね。とにかく、改まって、最後まで窮屈でした」

一言で言えば、相手の男性はとっつきにくく、親しみが感じられなかった。上から目線で、質問ばかりしてくる。食事の前に、

「アルコールは召し上がるんですか？」

と聞かれ、

「嫌いじゃありませんが、たくさんは飲めません」

と答えると、

「ビール、それともワインなどですか？」

と質問を重ねてくる。

「そうですね、今日はワインがいいかしら」

「では白と赤、どちらにしますか？」

彼女からすれば、

「ぼくは日本酒が好きです。やっぱり日本酒の冷やっていうのはうまいですよ」

などと、彼が自分のことについて話してくれたほうが親しみが持てる。

趣味の話になっても、

「読書をよくされるんですか？」

「どんなジャンルの本ですか？」

「作家では誰が好きですか？」

と、矢継ぎ早に質問される。

これでは会話のキャッチボールなどできるはずもない。

「私のことばかり聞くもんですから、しまいには、話が途切れてしまいました」

彼は、初対面の女性に、自分のことを話題にするのは失礼であると思ったのかもしれない。だからといって、相手のことばかり聞き出すのも失礼だろう。

「とっつき」とは、「人と親しくなれるかどうか」というときの感じ方のことである。「とっつきにくい人」とは、その感じを上手に出せない人のことなのである。親しみの感じが出せないのは「打ちとけない」からでもある。

何度も接しているのに、打ちとけず、よそよそしい人がいると、（あの人はとっつきにくい、話しにくい）となって、会話が弾まなくなる。


打ちとけるためにはどうするか。それはいたって簡単。相手を質問攻めにしないで、自分のことも話せばよいのである。


初対面の場合、自分をよく見せようとすると、なかなか打ちとけにくいものである。最初の段階はともかく、二度目、三度目には、素《す》の自分を見せられるようにしたい。

いつまでも、気取って背伸びしている人は、他人行儀といわれて、やがて敬遠される。これでは聞ける話も聞けなくなる。

自分の欠点を見せまいとする人より、気軽に失敗談を話す人のほうが親しみやすいもである。

3 初対面の人から話を聞きだすコツ

❖道を尋ねやすい人とは？

人に道を聞くのが億劫《おっくう》で、右往左往した挙句、結局、尋ねることになった、という経験は、誰もが一度ぐらいはしていることだろう。

さっさと聞いてしまえばよいのだが、躊躇《ちゅうちょ》するのは、「尋ねやすい相手」が見つからないためだ。そこへ、見知らぬ人に声をかけるのが苦手という思いが加わって、ぐずぐずしてしまう。お馴染みのパターンだ。

そもそも、道を尋ねやすい人とはどんな人だろうか。

男性と女性とでは、女性を選ぶ人が多いだろう。一般に当たりがやわらかなせいかもしれない。

さらに、「明るい人」「温かい人」「丁寧な人」に声をかけることが多い。初対面なので、正確に言えば、「明るそうな人」「温かそうに見える人」「丁寧な感じを与える人」ということになる。つまり、見かけで判断しているのである。

それまで人と接してきた経験の中で、「明るい」「温かい」などの言葉が当てはまりそうな人は、「親切」で「やさしい」と、誰もが思い込んでいる。だから、初対面の人にものを尋ねる場合、「明るく感じられる人」を探して、

「ちょっとお尋ねしたいんですが」

と、声をかけるわけである。

なぜ、こんなわかり切ったことを述べているかというと、自分を振り返るきっかけになるからだ。

あなたは外を歩いていて、見知らぬ人から、よく道を聞かれるほうだろうか。**YESならば、あなたは「明るい」「温かい」「丁寧な」人として見られているということである。**

NOならば、そうしたイメージから遠いところにあると考えて、一度、自身について振り返ってみてはどうだろう。

❖打ちとけるには〝相手の長所〟を見つける

話しかけやすい人、見かけがとっつきやすい人を選んで道を尋ねる。何か教えてもらう

場合も、同じことがいえる。

話しかけやすい人が説明が上手とは限らないのに、たいていの人は「話しかけやすい」相手を選ぶ。

とはいえ、生活の実際の場面では、「初対面」で「話しかけにくい人」を相手に、ものを尋ねたり、教えを乞わなければならないケースがしばしばである。

会ったことはないが、得意先の部長は気難しいということで定評がある。できればパスしたいところだが、どうしても部長に会いに行って、当社への要望を聞きださなければならなくなった。さて、どうしたものか。

とにかく、会って話してみることである。最初は誰だって、身構える。「うるさい人」「厄介《やっかい》な人物」と聞くだけで、警戒心が発動して、全身がこわばってしまう。

先に「明るい人」「温かい人」「丁寧な人」を取り上げたが、その逆の人、つまり「暗い人」「冷たい人」「ぶっきらぼうな人」となると、そこから受ける印象は、「気難しい」「意地が悪い」「近づきにくい」など、否定的なものになりやすい。

「気難しい」と聞いたとたん、否定的な特性が浮かんできて、当人に会う前から身構えてしまうのである。

まずは、こうした言葉に伴うマイナスイメージを払拭《ふっしょく》することである。気持ちを白紙の状態にして臨むようにつとめるのだ。

人は誰でも何かしら、よいところを持っている。会って話しているうちに、相手のよい点が見えてくるはずである。

相手のよい点を見つけることは、自分の尺度を広げることでもある。それは**一歩進めて見方を変えること**、ともいえる。

いまの時代、初対面の人と接する機会が多くなっている。初めて会うとき、お互いに身構えて固くなる。自分をよく見せようと、背伸びして格好をつける。これでは窮屈になるだけだ。打ちとけるコツは、自分ではなく、相手のよいところをいち早く発見することである。

人間、誰でも、見知らぬ相手には警戒心と親近感の両方を抱くのである。見下されまいとの思いから、警戒心が強くなる。半面で親しくなりたいとの思いもある。後者の思いを持って接すれば、相手の長所にも自然と気づくものである。

4

「挨拶」と「返事」、驚きの効用！

❖挨拶の持つ力

朝、バス停で〝めぐりんバス〟を待っていた。時折見かける男性が近づいてきた。

「お早うございます」

こちらから挨拶をした。だが、相手は無言だった。よくあることで、予期もしていたので、たいして気にはならなかった。無論、いい気分というわけにはいかなかったが……。

何日か後、また、彼の姿を見かけた。そのときは彼が先に来ていて、バスを待っていたが、私と顔が合うと、

「お早うございます」

と、彼のほうから挨拶をしてきた。こちらも、

「お早うございます」

と挨拶を返して、

「そろそろ梅雨《つゆ》明けですかね」

と、一言、言葉を添えると、

「今週中には明けるんでは……」

と、彼が応じたところにバスが来て、二人はバスに乗り込んだ。車内は混んでいて、お互い、離れ離れになったが、以来、彼とバス停で会うたびに挨拶を交わし、やがてバスの中でも会話が続き、「そのうち、一杯やりますか」というところにまでなった。

挨拶をすると、それがきっかけで、相手とこちらとの間に、コミュニケーションのパイプができる。

大きなビルの中のエレベーターホールの前で、そのビルに入っている会社の社員たちが大勢、エレベーターを待っているが、お互い、素知らぬ顔である。当然、見かけた顔の人もいるはずだが、挨拶しない限り、赤の他人であり、なんのつながりも生まれない。

声をかける。たったそれだけのことで、人と人との関係は変わってしまうのである。バス停で出会った彼とだって、顔を合わせても、目をそらして挨拶しなければ、いつまでも知らない者同士でいるしかない。

人間は、見知らぬ相手に対しても親近感を抱く。声をかけようかかけまいかと迷い、あるいは挨拶してくれるのを待っていることもある。挨拶しても無言だったバス停の彼も、内心では（挨拶を返せばよかった）と思っていたのだろう。

たった一言の挨拶でも、相手にそう思わせるだけの力を持っているのである。

❖挨拶をためらう理由

見知らぬ人とでも親しくなりたいと思うのが人の心だが、同時に、相手に対して、

（いやな顔をされたくない）

（恥をかきたくない）

（損をするのではないか）

などの警戒心も抱いている。

声をかけても「知らん顔」をされたり、「うるさそうな表情」をされたりしないかとの思いが強まると、挨拶するのをやめてしまう。

挨拶をためらったり、言葉を飲み込んでしまったりして、声をかけようとしないのは、相手の反応への気の使いすぎによるものである。挨拶をするとき、とかく相手からの「プ

ラスの反応」を期待する。そして、「マイナスの反応」を恐れる。

ここに、挨拶をめぐる微妙な心理的葛藤が生じるのである。挨拶しない人が多いのは、マイナスの先取りをする人がふえたということでもある。

挨拶はなんのためにするかといえば、以下の理由からである。

①挨拶をしたほうが自分の気分がよい

②相手とつながりが生まれる

特に②については、話を聞き出す上でも、その土台づくりの役割をはたす。

相手が顔見知りの人でも、日頃から声をかけ、会話を交わして、よい人間関係ができているのと、そうでないのとでは、話をしてもらう上で、差が出てしまう。

（あの人なら話してもいい）

このように思われるには、日頃のコミュニケーションがものを言うのである。出社してきても、口の中でぼそぼそ呟くような挨拶しかしないまま、席に着き、その後はパソコン上のやりとりだけというのでは、良好な人間関係は築けない。

挨拶によって人間関係をつくり、さらにやりとりを深めて、信頼関係ができるようであれば、話を聞くのに、申し分のない条件が整うのである。

あるマンションでは、挨拶をしても知らん顔をする人が多いことや、子どもに声をかけてくる不審な人物が多いことから、「挨拶をしない」という取り決めをしたとの話をネット上で見かけた。これでは人はますます孤立化して〝孤独死〟がふえるだろう。

❖「返事」も大事なコミュニケーション

ある会社の課長から相談を受けた。業務には精通しており、仕事の処理も早い女性の部下がいるのだが、なぜか返事をしないという。

「それでも用は足りるんですが、やはり、返事はあったほうがいいと思うし、どんなものですかね」

課長が彼女を呼ぶ。顔をあげる、立ちあがるなどの動きはするものの、「ハイ！」と明るく澄んだ一声がない。課長が指示をしている間でも、「ハイ」「わかりました」「では、早速とりかかります」などの返事はない。だが、指示した仕事はきちんとやってくれるし、間違いもない。

「ですが、何かが足りない。よくやる女性なのに、気になる人ですよね」

課長はそう嘆《なげ》くのだが、多分、その女性は返事に対する認識が不足しているのだろう。

課長は、返事もコミュニケーションであることを彼女に説明すべきである。たかが返事くらいと思って遠慮しないことだ。

「ハイ、お呼びですか」

「ハイ、なんでしょう」

明るく爽《さわ》やかな返事は、相手をいい気分にさせる。だから、返事のよい人のところには人が寄ってくる。情報が集まる。何はさておき、この人には話しておこうという気持ちにさせるからである。

上司は、呼んでも返事のない部下には、

「○○さん、聞こえた?」

と、促すことである。

話し上手と言われる人は、一様に挨拶と返事に長《た》けている。

挨拶と返事は、コミュニケーションの基本である。

挨拶は話し手からの発信の第一歩である。返事は打てば響く聞き手からの働きかけで、両者が呼応してコミュニケーションは活発になる。

5 心を動かす〝華のある〟笑顔

❖笑顔の魅力は女性に限らない

ハナ――「花」とも「華」とも書く。

「あの人には華がある」という場合、「明るさ」「目につく感じ」「美しさ」「賑やかさ」などの言葉が浮かんでくる。

華やかな雰囲気を感じさせる言葉でもあり、「華のある笑顔」といった場合、生き生きと活気があって、明るくて、目につく感じの笑顔のことだ。

「華のある笑顔」は、主に女性に求められるようだが、それは女性に限らない。男性にも必要である。

どことなく淋し気で、控え目で、目立たない、そんな男性について話そう。

わが家から歩いて十分くらいのところにある農家。広い庭の中にデンと立派な家が建っていて、その家の四十代半ばの息子がそのタイプだ。近くに売店を設けており、畑でとれた新鮮な野菜や果物を売っている。

土曜日の朝、私は妻に頼まれてブドウを買いに行った。見ると、並べてあるのは、青いブドウが一種類。

「これだけ？」

聞いてみたところ、

「巨峰《きょほう》などほかのブドウもあるんですが、これからとれるんです」

と、静かな口調でその息子が答えた。無愛想ではないが、地味な感じだった。

袋に入った青いブドウが三つあった。全部買おうと思ったが、念のためにケータイで妻に確かめると、

「二袋でいいわよ。いまのブドウは足が早いから、二袋で充分」

とのこと。

「わかった、じゃそうする。それからね……」

ほかに何か買うものはないかと言おうとしたのだが、電話が切れた。

「じゃ、これ二袋ください」

お金を払い、ブドウを手にして「どうも」と言おうとしたとき、彼がこんなことを口にしたのだ。

「女の人っていつも、電話を先に切るんですよね」

「……？」

「先に切られた男性は『まったく、自分で買いにくりゃいいのに』って、文句を言うんですよ。でも、次もまた、男性が買いにきたりするんです」

その言い方は、女性を非難するでもなく、男性を笑いものにするでもない、淡々とした口振りで、どこかに親しみが感じられた。

「そうか、うんそうだよね」

こちらも苦笑まじりに答え、彼を見ると笑顔だった。ただ、一歩引いた笑顔で、何か自信なげでもあった。

彼の笑顔が一歩前に出て、相手を明るく照らす「華のある笑顔」だったら、彼は変わるだろうになあ、と思ったものである。

同じ笑顔でも、一歩引くのでなく、**前に出て相手と向き合う笑顔には「華」があり、それは相手を動かす力を持つ**のである。

❖“傍観者”の笑顔と“当事者”の笑顔

仕事柄、雑誌などのインタビューを受けることが多い。あるときなど、午前と午後、それぞれ違うテーマでインタビューに応じたことがあった。

午前中はベテランの男性インタビュアー。午後は女性で、インタビューの仕事を始めてから三カ月だという。

結果はどうだったか。午前中の、ベテラン男性によるインタビューのほうが盛り上がらず、うまくいかなかったのだ。

彼が用意した質問に私が答えたのだが、一問一答のような形になってしまい、個々の話がつながって、発展したり、思いがけない方向に広がったりしないで終わってしまった。

私の答えが彼の予定した通りだと、

「そうでしょう、そうなんですよ」

と満足し、違う話を私がすると、

「いや、そういうことではなくて……」

と、話を遮《さえぎ》ってしまうのだ。

彼とのやりとりの中からは、新しい気づきは生まれてこなかった。意外さや思いがけな

さ、つまり、

「そうか、そういうことも考えられますね」

「いや、私もいま気がついたんだけど、そういうこともあり得るわけよね」

といった会話による発見の喜びを感じることもなく、一時間のインタビューが長く感じられた。話が盛り上がらず、疲れだけが残った。

午後の、経験の浅い女性インタビュアーとのやりとりはうまくいき、話が盛り上がって、一時間が短く感じられた。

なぜ、こうなったか。一言で言えば、「笑顔の違い」だった。彼女は話がそれても、

「え、そんなことがあるんですか」

「あ、それ、私、気づきませんでした」

などと笑顔で言って、「面白いですね」「勉強になります」と受け止めたあと、

「ありがとうございます、いい記事になると思います」

と、感謝するのだった。

彼女がインタビュー中に見せる「笑顔」には、**話を聞かせてもらえることへの感謝の気持ちが源にある。**だから、**笑顔が「新鮮で」「生き生き」**している。

ベテランの男性のほうも、予定通り話が進むと、満足して笑顔を浮かべるが、それは自己満足の笑顔で、話し手は楽しくない。

以上を要約すると、こうなる。

同じ笑顔でも、「傍観者の笑顔」と「当事者の笑顔」がある。

一歩引いて眺めているだけの「傍観者の笑顔」の人は、観察をしているので面白い見方をしたりするものの、話し手を動かすほどの力はない。当事者として、一歩前に出て相手を照らす笑顔が人を動かすのである。

また、話し手を動かし、進んで話そうという気にさせる笑顔には、

（話を聞かせてくれてありがとう）

という感謝の気持ちが表われている。そこには、話し手が話してくれなかったら、話を聞くことすらできないのだという自覚がある。

感謝の気持ちから生まれる笑顔が、話し手の心を動かすのである。

笑顔は最強のコミュニケーションである。にもかかわらず、そのことに気づかなかったり、忘れてしまったりしている人が少なくない。

6 沈黙は「間合い」と捉えれば怖くない！

❖理解できないときの沈黙

日本ではいまもって、「沈黙は金」という言葉が存在感を持っている。

一方で、会話の中で不意にやってくる「沈黙」に対しては、これを恐れる人が少なくない。ここでの沈黙とは、話が途切れて、「空白が訪れること」を言う。

空白とは辞書によれば、「行なわれるはずのことが何も行なわれていないこと」と、ある。会話でいえば、「本来、話のやりとりが行なわれるはず」なのに、お互い向き合ったまま、何も行なわれていない、ということ。この状態は困ったものであり、なんとも気まずい。

そんな状態を引き起こすのは、（自分が話し下手だからだ）と、自らを責めていないだろうか。

たしかに、つき合って間もない女性との会話で、話が途切れ、一瞬シーンとした沈黙がやってきたら、（ああ、どうしよう）と慌てふためき、（やっぱりオレは話し下手だ）と、落ち込むこともあるだろう。

でも、この沈黙、もしかすると、捨てたものではないかもしれない。というのは、会話の中で生じる沈黙は、大きく二つのタイプに分けられるからだ。

①話し手の話が理解できず、どう返してよいかわからないことから生じる沈黙

②話し手と聞き手の間の〝距離〟の調整のために生じる沈黙

まず、①の沈黙について。

話し手の言っていることが理解不能な場合、何をどう話したらよいか、立往生してしまい、間があいてしまう。

頭の回転の速い人なら、即座に言葉を返して会話を弾ませるのだが、じっくり型の人はそれができずに、つい、間延びしてしまう。「頭の悪い人」「面白くない人」「退屈な人」と思われそうで、ますます気があせる。

ここで、頭を切りかえてみる。（ああダメだ、わからない。何も話すことが浮かんでこない）と、あっさりあきらめないこと。

あきらめたら、そこで思考はストップする。じっくり型でいいから、少しずつでも内容

をわかろうとする。聞き役として、話し手についていこうという気持ちを簡単に捨てないことだ。以前に話し手が話していたこと、最近興味を持っていることなどを思い出してみるのもよい。


エンジニアの先輩は人工知能とかロボットの話を最近よくする。その日もメカニズムに関する専門的な話を始めたので、I君は話についていけない。何も言えずにいたが、ふと、障害者施設での元従業員による大量殺人について、

「オレの意見は、世間で言っているようなこととはちょっと違うんだよな」

と、以前、呟いていたのを思い出した。そこで先輩に聞いた。

「この前、障害者介護の問題について、いろいろと話をうかがいましたが、そのことと人工知能とも、何かつながるんですか？」

すると、先輩は、

「そのことだけどね、障害者の介護は、介護者の負担が半端《はんぱ》じゃないんだよ。疲労がやがて怒りに変わるんだ」

と、話し始めたので、I君は、

「だから、人工知能のロボットが介護にあたればいいと？」

と、会話をつなぐことができた。

（私はわかりたいんです）という思いで話を聞き、話し手にかかわっていく。話し手もなんとかわからせようと、言い方を工夫し始める。こうして合い間に訪れる沈黙なら、「捨てたものじゃない」といえるだろう。

話し手にしても、言ってもわからない聞き手など相手にしないというのでは、両者の間にコミュニケーションは存在しなくなってしまう。

❖相手との〝距離〟を調整する沈黙

前記②についての沈黙である。

話し手と聞き手が話のやりとりをする際、〝呼吸が合う・合わない〟などといった感じを味わうことがある。

話がとんとん拍子に進んでいるときは、話し手と聞き手の呼吸がかみ合っていて、会話は気持ちよく弾む。その間、両者はほとんど意識せずに、発信と受信の間合いを巧みにとっている。

話し手はしゃべりながらも、反応を確かめつつ、相手の心の中に立ち入りしすぎたと感じた場合、

「問題はね」

「ということは」

などと言って、何気なく間をとる。二、三秒、沈黙する。深入りしすぎて〝接触事故〟を起こさないためである。

そこで、聞き手も、

「うーん、そうだね」

と相槌を打って、「間」をとる。話し手との間の〝心の車間距離〟を保つのである。

沈黙を恐れないこと。それは、**わかろうとするための間合い**なのだから、気にすることはない。

話し手と聞き手がつかず離れず、**お互いの距離を調整するための沈黙**にしても、同様に恐れることはない。

「間《ま》」と上手につき合う。やがて、「間」をとることで、心地よさが感じられるようになる。

7 「頷き」ひとつで変わる話し手の心理

❖頷きは「聞いています」との合図

毎日新聞の「川柳」欄に、次の一句が載っていた。
「頷《うなず》かれ　そちらばかりに　語る講師《ひと》」

講師といえば、私もその一人である。聴衆の中に、頷いてくれる人がいると、ついそちらに目がいき、その人に向かって話してしまう経験は何度となくしてきたものだ。

講師という「人前で話すのが日常の仕事」になっている者でさえ、**頷いてくれる人に引っ張られる**のである。それくらい、聞く者の頷きは話し手に大きな影響を及ぼす。

ところで、世の中には、頷いて聞くのをよしとしない人がいる。年配の男性で立場が上の人は、頷かない傾向にある。頷くこと、イコール、イエスと思い込んでいるようで、（私は容易にイエスなどとは言わない）

と、あえて気難しい顔をして聞く。

こういう人は表面偉ぶっているだけなので、気にしないで話せばよい。本当に力のある人は、偉ぶったりしないで、相手の目線に合わせて頷いて聞いてくれる。

私も若い人たちを前にして話すことがあるが、昨今、話を聞きながら頷く者は珍しい存在になった。彼らは警戒心を強めて、用心深く聞いているのかもしれない。

十年くらい前までは、頷いたりメモをとったりして聞く若い人をよく見かけたものだが、いまでは姿を消してしまった。

先輩や上司は、頷くことの重要さを若い人に教えてほしい。頷きながら、大事なところでメモをとって聞けば、相手はどんなに喜ぶことか。気をよくして、次回はもっと話してくれる。

頷くのは、相手の話に賛同するということではない。

それは、**あなたの話を聞いています、という合図**なのである。話し手は、自分の話が聞いてもらえるかどうかに、非常に敏感なのだ。したがって、頷いて相手を安心させてあげるのは、思いやりでもある。

だが、この思いやりがすぎると、「過剰な頷き」をまねくことになる。

たとえば、わかってもわからなくても、相手が話し始めると反射的に頷いてしまう人。

これは中年女性の人たちによく見かける。

「頷かないと悪いような気がして」

というのが理由だが、頷きすぎは話し手を戸惑わせる。同時に、聞き手も頷くのがくせになって「考えて聞く力」を失ってしまう。

❖「非言語表現」の種類と生かし方

人間は言葉のない時代、言語以外の手段を用いて、コミュニケーションのやりとりを行なっていた。

- 表現方法
  - ①非言語表現――ボディランゲージ
  - ②言語表現――言葉による表現

①は文字通り、自分の体を使っての表現で、次の三つに分けられる。

①表情――顔による感情表現
②姿勢――静止した立ち姿
③動作――動きを伴った身振りなど
話し手の発言中、聞き手からの発信は、主として非言語によってなされる。

①表情

聞き手の表情が話し手に及ぼす影響はきわめて大きい。言葉の意味さえ変えてしまうことがある。

明るく、生き生きした表情で「わかりました」と言うと、話し手も満足して、「キミはわかりが早い」となる。同じ「わかりました」でも、暗い、元気のない表情で言うと、話し手は、「いやだったら、やらなくていい」と、腹を立ててしまう。わからない、やりたくないという意味に取られてしまうのだ。

話し手は、**無表情で聞いていられるくらい、話しにくい**ことはない。（いったい、話を聞いてるのか）となって、（あいつには話す気がしない）と、敬遠してしまう。

②姿勢

姿勢とは、話し手に向き合うときの、聞き手の心構えや態度のことである。

話し手に対して、

（あなたの話を聞きたい）

（あなたから、いろいろなことを教わりたい）

と、心から思う気持ちは姿勢に表われ、相手に伝わるのである。会った瞬間、「この人は感じがよい」と思ったりするのは、姿勢からこちらへの親近感が伝わってくるからだ。

③動作

体の動きによる表現の代表は「身振り」「手振り」などの、ジェスチャーである。ジェスチャーの仕方には、国民性による違いがある。

イタリアを訪れて、イタリア人の知人の運転でドライブに出かけた、日本人の中年男性の話。

「クルマを運転中も、陽気にしゃべってくれるのはいいが、両手を広げたり、体をゆすったりして、ハンドルから手を放すので、運転は大丈夫かとハラハラしました」

イタリア人のジェスチャーの派手さは有名だが、日本人、特に年配者は「ガッツポーズ」さえ、照れて満足にできない。大ゲサなジェスチャーを嫌い、「軽薄な奴」と見なす傾向があるからだ。

❖気がつかない聞き方のくせ

頷きは動作による非言語表現であるが、前述の通り、話し手に与えるインパクトは強い。それだけに頷き方には工夫がいる。

第一に、相手が話し始めたときに、目を見て頷くのがポイントである。(どうぞ話してください)(あなたの話が楽しみです)との、歓迎の合図である。

第二に、話し手が強調したり、同意を得たがっているところで、しっかり頷くこと。ぼんやり聞いていると、頷くタイミングを間違えるから、話をしっかり聞いていなくてはならない。先に述べたように、頷きは、相手の話を聞いているとの合図である。

第三に、内容が理解できなかったり、疑問が生じたりしたときには、首を横に振ったり、かしげたりする頷き方をすること。

このように、メリハリをつけた頷き方ができると、話し手も話に乗ることができる。なんとなく習慣で頷いていると、話し手の気持ちを引き立てる力にはならない。

中には、頷きなのか、単なる「くせ」なのか、区別がつかないケースもある。話を聞くときに、腕を組んで首をタテに振るくせの人がいた。一見、頷きのように見えるのだが、話の内容に無関係に行なわれるので、くせであることがわかった。こうした動作は、本人も気づかずにやっていることが多いので注意したい。

聞く際によく見かける「くせ」には、次のようなものがある。

・腕組みをする――身構えている印象を与える
・ボールペンを指先で回す――落ち着かない、せかせかした印象を与える
・スマホを脇に置いて、しばしばのぞく――無視されているような感じを与える
・髪をいじる――女性に多いが、話に退屈しているように思わせる

聞くときの「くせ」は自分では気づかないもの。周囲にそれとなく指摘してくれる人がいるとよい。

8 聞き上手の「相槌」の打ち方

❖相槌は会話の潤滑油

若い人たちは別にしても、人の話を聞くのに頷く人は多い。頷くのが習慣として身についている人が大半なのだと思う。

ところが、頷くだけでなく、言葉にして相槌《あいづち》を打つ人となると、とたんに少なくなる。その上、相槌を上手に打てる人となると、なおさらである。

理由は、相槌ぐらい、その気になれば簡単にできるという相槌への認識の低さにある。日常の会話において、相槌がいかに大きな役割をはたしているか、例をあげて見てみよう。

ある日の午後、講演の仕事が入っていた。私は早目に会場に到着し、担当の女性が控え室に案内してくれるのに従った。

「いい天気になりましたね」

声をかけると、彼女は笑顔で振り返った。

「そうなんです！」

「午前中、雨が残ってましたからね」

「ええ、それがいま、この通りですから」

「うまい具合に晴れてくれて、ついてるんじゃないかな」

「そう思います」

「聴衆の出足はどうですか」

「ありがとうございます。上々の出足で、先生のおかげです」

「お天気のおかげですよ。それに、もしかしてあなたは、晴れ女かもしれませんね」

「あ、よくおわかりですね」

「じゃ、あなたのおかげですよ」

初対面なのに、控え室までの歩きながらのやりとりがとても弾んで、楽しかった。短時間のうちに会話がうまく運んだのは、彼女の相槌の打ち方が上手だったからである。

「いい天気になりましたね」

と、声をかけても、「ええ」としか言葉が返ってこないことがある。むしろ、このほうが多いかもしれない。

「午前中、雨が残ってましたからね」

と続けても、再び「ええ」としか返ってこなかったら、（相手にしてもらえない）ような気分を味わって、話を続ける気がしなくなるだろう。

相手の話に、声に出して相槌を打つ――たったこれだけのことでよい。相槌は会話を支え、やりとりをスムーズにする潤滑油の役割をはたすのである。

❖相槌の打ち方に変化をつける

その気になれば、相槌を打つくらい簡単にできる、と甘く見てはいけない。また、ただ相槌を打てばよいというものでもない。会話を弾ませ、話し手の話を促すためには、相槌の打ち方に変化が求められる。

①同じ相槌を繰り返さない

「そうですね」と一度言って、その後も「そうですね」を何度となく繰り返す。これでは、話し手を戸惑わせたり、

(本当に話を聞いているのかな)

と、疑問を抱かせたりする。

「なるほど」という相槌がある。言いやすいので、一度口にすると、次第に口ぐせになっていく。

「今日は午後から雨だってね」

「なるほど」

「それにしても、このところ、急に寒くなったね」

「なるほど」

この場面では、最初の「なるほど」は「そうですか」のほうが、次の「なるほど」も、「本当に」と返したほうが、内容にふさわしい相槌になるだろう。

話し方のセミナーでは、相槌の仕方についても練習をする。参加者に二人ずつペアになってもらい、三分間、同じ相槌を二度使わずに、会話をしてもらうのだが、話が途中で続かなくなる。中には、一分もしないうちにギブアップしてしまう人もいる。

この練習でわかることは、**「相槌のセリフ」のストックの少なさ**である。

そこで、「相槌言葉を十以上、書き出してみてください」と言うのだが、一人で十書ける人はほとんどいない。三人で話し合ってもらって、どうにか十個思い浮かぶというのが現実である。

日常のやりとりでは、「同じ相槌は繰り返し使わない」を心がけよう。

②相槌の言葉をふやす

相槌の中で、もっとも多く使われるのが、「同意」の相槌である。相手の話を「聞いている」合図として、また、「理解した」ことを示すものとして使われるので、基本となる相槌である。

たとえば「そうですね」「なるほど」「たしかに」などで、繰り返し使われたりするので、単調になりやすい。

そこで同意の相槌としては、十以上は身につけておきたい。ちなみに、右のほかに、

・それはそうですね
・まったくね

・もっともです
・わかります
・私もそう思います
・うーん、言えてるね
・そう、そう、その通り

など、あげればいくつも浮かんでくる。これらを意識して使い、使いこなせるようにしたい。

③ネガティブ発言に対する相槌の打ち方

同意の相槌はよく使われるが、次のような場面ではNGである。

「プレゼンに失敗しちゃった。私ってダメなのよね。ホント、バカみたい」

と、同僚の女性。これに対して、

「そうよね」

では、それこそ（バカみたい）と思われかねない。

この場合は、間をおいて、しばらく待つか、首を横に振って、

「失敗は誰だってするよ」

ぐらいに返したい。そうすれば、相手は自分がなぜ失敗したか話し出すだろう。

いつだったか、字の下手な私は自分の書いた字を眺めて、思わず、

「下手な字だな」

と呟いたところ、

「本当にそうですね」

と、後輩に言われて、内心、むかついたことがある。あなただったら、どんな相槌を打ってくれるだろうか。

④話を途切らせない相槌

会話の途中で話題が途切れ、沈黙をもてあますことがある。特に口の重い話し相手のときは、会話が途切れがちになる。

ここで使いたいのが**「促進の相槌」**である。

「それからどうしたんですか?」

「いまの話、その後どうなったの?」

「面白いね、ほかに誰かいたんですか？」

と、話の先を促す相槌である。

親しい相手なら、「それから？」「それで？」「たとえば？」など、短い相槌を使ってもよい。

ただし、急《せ》かさずに、ゆっくりした口調で言うこと。

⑤話し手を喜ばせる「驚きの相槌」

知り合いの女性に、

「え、そんなことがあったんですか」

「ビックリしたァ、本当ですか」

と、驚いてみせる相槌を使うのが上手な人がいる。

相手は、

「彼女にはまいるよな、つい、しゃべらされちゃうんだよね」

と言いつつも、満更でもない様子。よく若い人が口にする「マジで？」なども、この相槌に近い。

⑥嫌われるこんな相槌

同じ相槌でも「マイナスの相槌」というのがあって、これを使われると、話し手は不愉快になって、話す気がしなくなる。

・「そうだよ」

相手の話に対して、そんなことはとうに知っていると言わんばかりの、人を見下した相槌を、それも口ぐせのように打つ女性がいて嫌われている。前述の「驚きの相槌」と正反対の、人を怒らせる相槌である。

・「はあ?」

頭がいいとされている相手に、こう言われるくらい〝いやな感じ〟のものはない。口にするほうは、軽く(え、どういうこと?)ぐらいのつもりであっても、言われる側は(なにバカ言ってるの)と、見下されているように受け取り、腹を立てる。無意識にこの相槌を打って、嫌われている女性は少なくない。

ただし、男性の「はあ?」は女性のそれよりも、なぜかインパクトが弱い。

・「いや、そうじゃなくて」

男性がよく口にする「マイナス相槌」である。オレがオレがとの自己顕示欲の強いタイプの男性は、どんな話に対しても、二言目にはこれを言う。このタイプの男性がグループディスカッションに加わると、とたんにグループ全体の発言度が低下する。ほかのメンバーが話す意欲を失ってしまうからである。

女性係長のM子さんによれば、

「それって、違うんじゃないかしら、と、私なら言うけど」

とのこと。

相槌は、会話のやりとりで潤滑油の役割をはたすと述べたが、**「マイナスの相槌」は、逆に摩擦を引き起こしかねない。**明らかに「言わないほうがよい」部類に入る。

⑦人を元気にさせる「共感の相槌」

共感の相槌は話し手を励まし、元気にさせる役割をはたす。

男性、リーダー、先生といった人たちは、とかく〝教えたがり屋〟で、共感の相槌を打つのが苦手のようだ。

「課長ったら、頭にきちゃう。忙しいのがわかってるのに、早くしろって、催促ばかりするんだもん」

女性のこの一言を受けて、

「上の人だって大変なんだよ。期限までに仕上げないと、自分の責任になるからね。やっぱり、キミは早く仕上げるべきだよ。そうすれば課長だって喜ぶよ」

と、説教したがるのが男性。こう言われた女性はそっぽを向くだけだ。

ここは、

「あなたも忙しくて大変だよね」

あるいは、

「オレだって、頭にくるよ」

と、共感の相槌を打てれば、

「そうでしょう。まァ、私も、もうちょっと早くやればよかったんだけど」

と彼女も、こんなふうに応じることができて、説教などしなくても、自分で気づいていけるのだ。

共感の相槌としては、

・大変なのね
・本当にそうだね
・それって、感激だな
・うん、気持ち、わかります
・辛かったろうね
・よくやった、私もうれしいよ

などなど。気持ちを込めて、こうした相槌が打てると、自分の感情も豊かになる。

なお、海外で外国人相手に、相槌が同じような役割をはたすか否かは、注意を要する。聞くところによると、アメリカ人相手の会話では、聞き手が相槌を打ちと、うるさがられるという話だ。

日米の相槌に対する反応の違いは、何を意味するのだろうか。自己主張に自信を持っているアメリカ人と、相手の反応を気にしすぎる日本人との相違ということなのだろうか。

しかし、少なくとも日本では、**相槌上手の人は、話し手からたくさんの話を引き出せる**のである。

9 話は〝目で聞く〟は礼にかなった作法

❖相手への関心は目に表われる

人の話は相手の目を見ながら聞く。誰もが知っている、基本中の基本の原則である。講演で大勢を相手に話していると、聴衆の中に目をつむって聞いている人がいる。本人は耳を澄ませて聞いているのかもしれないが、私には彼が私の話を聞いてくれているのかどうかはわからない。

上司にも、部下の話を目をつむって聞く人がいる。

彼に言わせると、

「もちろん、聞いてますよ。私は目をつむって聞くほうが聞きやすいんです」

とのこと。だが、聞く側の聞きやすさは、話し手にとっては、話しにくさに通じることもある。

話を聞こうとするなら、「話し手の話しやすさ」を優先すべきであろう。

相手の目を見て聞くのは、第一に、（あなたの話を聞いてますよ）との合図なのである。また、「目は心の窓」とも言う。相手の話を聞きたいという思いが、強ければ強いほど、それは目に表われるものだ。「目を見て話を聞く」ことの第二の意味がここにある。

だが、以上は基本にすぎない。「目を見る」にしても、基本には応用があり、**相手や状況によって、目を見る方法は異なってくる。**

以下に応用を述べよう。

❖あえて目を見ないで聞く

ひと口に話し手といっても、いろいろである。

「宅急便」の創始者で、かつての大和運輸――現在の社名は「ヤマト運輸」――株式会社の経営者だった小倉昌男氏は、私の尊敬する人物の一人である。小倉氏ほど、人々の身近な生活に貢献した人はいない、と思う。

私は大和運輸に五年間ほど勤めたのだが、その頃、小倉さんは専務だった。シャイな人柄だったのだろう、人と接する際、小倉さんは滅多に目を合わせなかった。

小倉さんの席で、企画書の説明をしても、下を向いているか、書類に目を向けているかで、顔をあげてこちらを見てくれず、私も目をそらしがちだったので、かえって話しやすかったのを覚えている。

聞くだけに限らない。相手を見ないで話す人もいる。見て話す習慣がないのか、恥ずかしくて見ないのか、それぞれに理由があるのだろう。

目を合わせるのが苦手という人に、目を見るのが基本だからと押しつけるのはどんなものだろうか。

まず、**話し手が目を見て話すのが苦手かどうかを見分けること**。これは、さして難しいことではない。目が合ったとき、さっとそらすかどうかでわかる。

普段はそんなこともない人が、ある日、目をそらす回数がふえたとすれば、何かが原因で、心理的に動揺しているのかもしれない。

こんなときに直視すれば、相手は逃げ出すか、閉じこもるかで、コミュニケーションは中断する。聞き手としては、自分も目をそらしながら、見放すのでなく、さり気なく見守る。そんな態度で話を聞く。

実際の場面で体験を通して、意識して身につけていくことである。

あなたは、話し手が緊張しているとき、いっそう緊張させるほうだろうか、それとも相手をラクにさせるほうだろうか。

ここで述べているのは、後者を目ざすためのものである。

❖誤解されがちな「相手を見る」行為

コミュニケーションにおいて、

①相手を見て話す

②相手を見て聞く

ことは、基本中の基本だと述べた。にもかかわらず、実行するとなると、なかなか覚束《おぼつか》ない。

原因は、「相手を見ること」への誤解がそうさせるのだ。誤解には二つある。

①「見るのが怖い」という誤解

見知らぬ人に声をかける、挨拶をする。困ったことだが、最近、声をかける人がどんどん減ってきている。

なぜかとその理由を考えるのだが、声をかけた結果、相手の知らん顔、不機嫌な表情を

「見るのが怖い」という理由が浮かんでくる。だったら、いっそのこと、「声なんかかけなければいい」と、考えてしまうのだ。

この場合、**「見るのが怖い」のではなく「見ないから怖い」**と捉えれば、誤解であることがわかる。

一度見て、以後見馴れてしまえば、「知らん顔」「不機嫌な表情」の裏に、(応えたい)(機嫌よくしたい)との思いが隠されているのが垣間見えたりするのである。見なければ、わからずじまいで終わることだが……。

声をかければ、いい表情が返ってくると期待してしまう。

とすれば、期待などしないで声だけかける。

そして、目が合ったら、一言「涼しくなりましたね」と声に出して、返事など期待せずにそのまま立ち去る。

相手が目をそらしたら、「涼しくなりましたね」と、心の中で呟《つぶや》いて立ち去ればよい。

見ないでいると、頭の中でマイナスの状況を想像しやすい。見てしまうと、思い違いに気づくのである。「幽霊の正体見たり枯れ尾花」というではないか。

②「見るのは失礼である」という誤解

見知らぬ女性をジロジロ見る男性がいたら、

「なによ、失礼ね」

と当然、非難される。

でも、聞き手が話している相手に対して、「笑顔を見せる」「頷く」「相槌を打つ」のは、礼にかなった行為であり、「失礼ね」などと言う人はいない。

同様に、話し手を見て話を聞くことも、なんら失礼に当たらない。

話を聞くとき、「見るのは失礼である」は誤解であり、「見ないほうこそ失礼」なのである。

むしろ、相手の目を見て話を聞けば、話し手は喜び、聞き手を歓迎する。相手の目を見ないで聞く人が多い中で、相手の目を見て聞く人は目立つ存在になる。

いまの若い人は、自分だけ目立つのが怖いのである。そこで、「相手を見るのは失礼だ」などと、誤解してしまうのではないだろうか。

無論、最初から最後まで、相手の目を見て聞くのはぶしつけな聞き方である。
・相手が話し始めた瞬間に見る
・ここ一番という個所で目を合わせる

・最後の一言で、再度視線を向ける

肝心な個所でしっかりアイコンタクトをして話を聞くのは、礼にかなった聞き方なのである。

話を〝目で聞く〟のは、相手のことを知るためである。また、相手のことを理解したいという思いを相手に伝えるためでもある。

第3章
相手に気持ちよく、もっと「しゃべって」もらう技術

1 言葉を返すときは「否定語」を使わない

❖相手を肯定して受け入れる

次の二人の言葉は、あなたはどちらにも共感させられるものがある。

「相手のことを否定しないで見てあげると人はみんな面白いんですよ」

――笑福亭鶴瓶《つるべ》――

「私は幼年時代から人に会うときは、一見してその欠点を発見した。その性質のために、大がいの人をみては癪にさわり、不愉快に感じた」

――新渡戸稲造《にとべいなぞう》――

人に会うときは、否定しないでその人を見る。もちろん、そのようにしてさまざまな人と接し、多くの人から「つるべさん」と言われて愛されている彼の姿が目に浮かんできて、

「なるほど」と納得させられる。

ＮＨＫのテレビ番組『鶴瓶の家族に乾杯』で、初対面の相手とも、あっという間に親しくなり、打ちとけて、相手から話を引き出す鶴瓶さんを見ていると、**「相手のことを否定しないで見る」という態度**が身についているのがよくわかる。相手を肯定して、受け入れてしまう。

（自分にもできたらなァ）と思う人は、たくさんいるに違いない。

一方、新渡戸稲造といえば、『武士道』の著者として、世界にも知れ渡っているが、その彼が幼年時代から「人に会うときは、一見してその欠点を発見した」というのは驚きである。

私にも、初対面の人に対して身構えるくせがあって、その原因が「相手の欠点に目がいく」ことにあるのだと、この言葉によって気づかされたものである。

❖会話のペースは聞き手の「受け方」しだい

相手から話しかけられて、言葉を返すとき、

①油断する
②緊張して余裕がない
③すぐ欠点に目がいく（悪い）くせがある
などの理由から、「否定的な返し方」をしていないだろうか。


先日、昼食時に入った天丼の店で、隣の席にいた、三十代の男女のやりとりが耳に入った。

テレビを見ながら、男性が、

「お！　白いナスなんてあったんだ」

と、驚いたように声をあげた。つられて、私も画面を見ると、真っ白な大きめのナスが映っていた。

ところが連れの女性は、

「白ナスなんて気持ち悪い。そんなの私、嫌いよ」

と、画面も見ずに、否定の言葉を返したのだった。

男性はむっとしたのか、語気を強めて言い放った。

「見もしないで決めつけるなんて、そういうの横暴っていうんだ」

そのあと二人とも無言のままだった。

二人がどんな関係かわからないが、そんな一瞬のやりとりが、妙に気になったものである。

話を聞いて受ける。その受け方しだいで、会話のやりとりは変わる。話し手にもっとしゃべってもらい、会話を弾ませたいのなら、「否定から入る」のはやめるべきだろう。

あなたが後輩の話を聞いて、

「それ、面白いね。いつのこと？」

と、肯定的に受け止めれば、彼も、

「面白いでしょう。ちょうど一週間前のことなんですが、実はその先があって……」

と、身を乗り出して話し始める。

話を聞いて否定する態度は、（自分の見方に合わないものは、受け入れたくない）という、聞き手の狭い心が関係しているのである。

2 相手の話を〝即座〟にまとめない

❖話を終わらせたいという誘惑

話を聞く側としては、ふと、

（次に、どんな話が出てくるかわからない）

（聞き手として、もてあますのではないか）

（相手の話が理解できなかったら恥をかく）

などの不安が心をかすめる。できれば、早い段階で話を終わらせたい。そんな思いが出てきて、聞くのが面倒になり始める、ということもあるだろう。

そこで、聞き手が腰を浮かしながら持ち出すのが、「話をまとめる」というやり方である。

相槌の中には「整理する」「要約する」性質のものがあるが、この相槌を用いて、

「つまり、こういうことですね」

「要するに、こう言いたいわけですね」

といった言い方をする。

こみ入った話をされて、それを理解する自信がないと思い始めると、早々にその場を逃げ出したくなり、時計に目をやったり、落ち着きのない素振りを見せたりする。それより、

「結局、こういうことですよね」

と、要約するのが一番手っ取り早い。相手も、

「うん、まあ、そういうことだけどね」

と、言い足りない気持ちを残しながらも、話を終わらせることになる。

知り合いの課長は、

「いまの若い連中で、話を最後まで聞く気のある者はいるのかねえ」

と、部長からぼやかれて、なるほどと思った。上司からあれこれ言われたくない、との気持ちの表われだろう。話をしてほしい反面、いろいろ言われるのが怖いので、話を打ち切りたい……。

人の心は矛盾していると承知した上で、こんな誘惑に引き込まれないようにしないと、部長が言うところの「最後まで話を聞かない者」というレッテルを貼られてしまう。こうなると、しゃべってくれない相手を自らつくってしまう破目になる。

やわらかい物ばかり食べていると、歯が弱くなる。**聞く力も、難解な話、耳が痛い話を聞くことによって、強くなり、伸びていくのである。**時間の都合がつかない場合を除いて、「話を途中で打ち切らない」ことを自らに約束してほしい。

❖話をまとめたがるくせの人

よく、次のような上司と部下のやりとりを耳にすることがある。

「わかりました」

「わかってないから、言っているんだ」

「そう言われても」

「わかったと言う以上、次からは必ず実行してもらわないと困る」

「そうですけど、こちらにもいろいろあってですね」

「だったら、わかりました、なんて言うな」

ここに出てくる「わかりました」という言葉は、話を聞いて返すときに使われるが、その際、話し手と聞き手では解釈に違いがある。

上司にとっては、「わかったと言う以上、理解して実行すること」まで意味し、要求する。

一方、部下としては「単に理解しただけ」で、それ以上の意味は含まれていない。とりあえずの「わかった」なのである。

部下は「わかりました」と返す際、話の内容、上司の表情、声の調子などから、行動を要求されているのか、とすればいつまでにかを確認しておくことである。

そして、もう一点。**「わかりました」は、話を打ち切るために使われる言葉**だということである。

「キミの言うことはわかった」

と言うとき、（わかったから、これで終わり）との思いが込められている。これ以上、話さないし、話してもらうこともない、ということなのである。

これを受けて聞き手がもっと会話を続けたければ、

「あなたの話はよくわからない。もっと話を聞かせてほしい」

とのアプローチをしなければならない。

話をまとめたがる相手には、

「ということは○○ということですか」

と、先を促すような話の持っていき方を工夫することである。

3 人に〝失敗談〟を語れる心の余裕がほしい

❖自分を客観視できてこそ……

私は本を読んだり、細かい数字の計算をするときにはメガネを使う。でも晴れた日には、メガネをかけずに読書ができる。メガネはかけたりかけなかったりといった中途半端な状態で、そのため、メガネをちょくちょく置き忘れ、メガネ探しにムダな時間を費やすことになる。

ある日の夜、九時近くのことだった。知り合いと二人、ＪＲの電車に乗り、釣革につかまりながら、電車の揺れに身をまかせていた。窓には男性の姿が映っている。小柄な男性で、メガネをかけていた。

（どこかで見た顔だな？）

（誰かに似ているが、誰だったかな？）

そんなふうに思いながら、窓に映っている彼を眺めているうちに気がついた。

（待てよ、どこかで会ったことのある人だ）

そう思い始めると、気になって、思わず口にしていた。

「いったい、誰だっけな……」

そして、二度ばかり首をかしげた。知人は私の右側に立っていたのだが、左隣にいた中年の男性が怪訝《けげん》な顔をして、

「あの、どうかしましたか？」

と、声をかけてきた。

「いえね、窓に映っている人物が、なんとなく、どこかで見かけたような気がするものですから」

男性は驚いた顔をして言った。

「あなたじゃないんですか？　ほら、あなたですよ」

言われてみると、なんのことはない、「正真正銘の私自身」ではないか。メガネをかけていることを忘れていたものだから、別人と思い込んでしまったのだ。私も相当そそっかしい人間だが、自分で自分を見間違えるなど、初めてだった。

「そうです……私でした」

男性は笑い出し、私は、言い訳するように、

「普段かけないメガネをかけていたものですから、別の人間のように見えてしまって……」

と、説明をしたものの、恥ずかしさで、いたたまれない気持ちになった。右側に立っていた知人も、このやりとりを耳にして、大声で笑い出した。

三年ほど前のことだが、あまりにも馬鹿げた失敗で、思い出すたびに身の細る思いがする。もちろん、誰にもしゃべったことはない。話そうとしても、うまく話せないだろう。

何か間違いを犯して、それを**失敗談として話すにしても、自分を客観視できるまでは無理なのかもしれない。**

❖チャップリンのエピソード

時折、何の気なしに読み返す本が何冊かある。その一冊に、チャーリー・チャップリンの「自伝」がある。

チャップリンは、かつて劇団で子役をやっていた。同じ劇団に、ザルモという芸人がい

た。彼は稽古熱心で、いろいろな芸を練習して身につけ、客の前で披露しては喝采を浴びるのだった。

あるとき、ザルモはまた新しい芸を思いつき、練習を重ねて身につけた。ザルモはチャップリンの前でその芸をやってみせた。あまりにも面白くて、チャップリンは大笑いした。その晩、ザルモは新しい芸を観客の前でやってみせたのだが、いまひとつ盛り上がらずに終わった。

（あんなに面白かったのに、なぜ？）

チャップリンは子どもながらも、どうしてだろうと思った。帰り際、ザルモと座長が話しているのを耳にした。

「せっかくのお前の芸が、今夜は受けがよくなかったなァ」

「申し訳ありません、練習はしたのですが」

「あんまりすんなり、上手にやったから、お客は笑うヒマがなかったんだ。最初に失敗してみせるんだ。その上でうまくやれば、客もハラハラしながら見られて、大受けとなるんだよ」

「でも、座長。私は失敗してみせるほど、まだあの芸を身につけていないんですよ」

ザルモのこの言葉を聞いて、チャップリンは、(そうか、そういうことか……)と納得がいった。

失敗してみせるほど、芸を身につけていない。つまり、失敗してみせるというのは、余裕がないとできないことなのだ、と。

❖空気を和ませる「失敗談」

話し方研究所が主催する「話し方講座」では、カリキュラムの中に失敗談を話す実習が組み込まれている。

自分の失敗を話すのだから簡単だろうと思いがちだが、これが案外、簡単ではない。自分の失敗を客観視できる、すなわち、「自分で自分を笑える」くらいになると、力まずに話せるのだが、意識しすぎると、オーバーな表現になって、照れて中途半端な話に終わってしまう。

相手と一緒に自分を笑えるようになること。そうなれば空気も和《やわ》らぎ、相手もリラックスして、気軽に自分のことを話してくれることだろう。

4 「聞きたい」より「話したい」を優先！

❖将棋の基本プロセス「三手の読み」

話し手の発信に対応できなくて生じる気まずい沈黙――。

この沈黙を恐れ、早々に話を聞くことを打ち切ってしまう人がいる。これでは聞く力は身につかない。

うまく対応できないながらも、質問などを用いて、早い段階から話し手の話を理解しようとする姿勢を示せば、話し手も、わかりやすく話そうと協力してくれる。コミュニケーションの場とは、話し手・聞き手双方がお互いに協力して、理解しあうことを目ざすものだからである。

そのために必要になるのが、**相手の立場になって考える**ことである。誰でも知っている当たり前のことだが、実際にはきわめて難しい。というのも、容易にできることなら、わざわざ繰り返し持ち出す必要もないからだ。

棋士の羽生善治氏は「三手の読み」についてこう述べている。

〝三手の読み〟というのはまず自分がこう指して、それに対して相手がこう来る、そして次に自分はこう指すという、読みの基本のプロセスでもあります。

とても単純な事に聞こえますが、これがとても大切で、鍵となるのは二手目の相手が何を指してくるかという点です。

よく小さい頃に相手の立場に立って考えましょう、自分だけの事を考えるのはやめましょう、等の話を周囲からされます。

この時にずれやすいのが（二手目で）、相手の立場に立って自分の価値観で判断してしまうことなのです。

相手の立場に立つと言いながら、相手の立場がどのようなものであるかを、自分の物差しで測って、わかったような気になってしまう。これは、相手の物差しを知ることが簡単なことではないということだろう。

「事業で成功するコツは、顧客の立場に立ってものを考えることである」

と言われるが、お客さまの価値観を自分の価値観で判断してしまうと、「相手の立場」になることはできない。

日本人にとって、「立ち食いソバ」は、すっかりお馴染みのファストフードである。

その特徴は便利さにある。

①早さ……注文してすぐに仕上がる

②手軽……セルフ、立ち食い

③安価……安くて、そこそこの味

忙しく働く人にとって、手早く、簡単に、安く食べられる便利な外食として定着している。それだけに、競争も激しいのだろう。そのため、新たなニーズを求めようと、

①立ち食いから座って食べられる形に

②セルフから店員によるサービスに

③中華ソバ、チョイ呑みなど、新メニューを投入

といった工夫をこらす店が現れている。

これらも、顧客が何を求め、何に満足するか、「相手の立場」に立って考えた末に生まれたものであろう。

❖「相手が話したい」ことに焦点をあてる

繰り返すが、聞き手として、話し手にしゃべってもらうためのポイントは、「相手の立場になる」ことである。

聞き手は、ややもすると「自分が聞きたいこと」を聞こうとする。聞き手が聞きたいこと、イコール、話し手が話したいことではない。言うまでもなく、話し手は自分が話したいことを話したいのである。

相手の立場になって聞くとは、**相手が話したがっていることに焦点をあてて、話を展開していく**ことなのである。

何が話し手にとって話したいことか。それを判断し、把握するのが、聞き手のするべきことである。

「私が話したいのはこれだ」と、話し手が自ら言ってくれるわけではない。場合によっては、話し手自身が気づいていないこともある。だとすれば、話し手が話したいこと、話したい話題を聞き手として、どうやって把握するか。

そこで、手がかりになるのが、「共通度の高い話題」から始めるという方法だ。

①「このところ、スパゲティにこってます」……**食べ物・飲み物の話題**
②「近頃、立ち食いソバ屋でもチョイ呑みができるんですよ」……**知識**、それも身近な、ちょっとした知識
③「都心に入る電車は強風に弱いそうですよ」……**通勤とそれにからむ話題**
④「この一週間、毎日のように、ゲリラ豪雨とかいう、にわか雨が降りましたね」……**天気・天候の話**
⑤「東京都知事選は盛り上がりましたね。初の女性都知事誕生という結果になりましたけど」……**トピックス、時事ネタ**

略して「た・ち・つ・て・と」の話題。

誰もが興味・関心を持ちそうな「話しやすい話題」を振って、とりあえず話し手に口を開いてもらうのである。

①食べ物・飲み物の話題の例
「ぼくは最近、天ぷらが好きになった」

「へえ、またどうしてなんですか?」

「偶然入った天ぷら屋が、値段も安くて、植物油を使ってるんで後味がいいというのかな。天ぷらって美味だと思った」

②知識、それも身近な、ちょっとした知識の例

軽く「知ってますか?」と呼びかけて話題に誘う。

「『ケーキにいちごをのせる』って、糸井重里の言葉を思い出すなァ」

「へえ、それ、どういうことですか?」

「簡単に言うと、製品を商品に変えるって話なんだけど」

「面白そうですね、もっと聞きたいですね」

③通勤とそれにからむ話題

JR、地下鉄、バス、タクシーなど、交通手段にまつわる話題。

「朝のラッシュは相変わらずですね」

「そういえばキミは、北柏から通ってるんだよね」

「ええ、江戸川を渡るとき、強い風が吹くと電車が止まっちゃうんです」

「その向こうに、つくばエクスプレスが走ってるだろう。何度か乗ったことがあるんだけど、速くて快適そのものだったよ。関東平野を突っ走るって感じでね」

④天気・天候の話

地球の温暖化に伴い、異常気象が頻発するため、人々の関心も強まる傾向にある。「ゲリラ豪雨」「爆弾低気圧」「エルニーニョ現象」などの用語が、日常会話にも飛び出してくるようになった。それだけ、共通度の高い話題として、話し手の関心を呼ぶのである。

「たしかにね。いつなんどき、豪雨にあわないとも限らないからね」

「部長は暑いのと寒いのと、どちらがお好きですか？」

「私は夏のほうだが……。ところでキミ、竜巻っていうのを見たことはある？」

「部長はアメリカに半年ほど滞在されていたんですよね。そのときに……」

「いや、アメリカじゃない、日本でだよ」

部長が話したい話題が顔を出してきた。

⑤トピックス・時事ネタ

時事ネタに限らず、広く近頃の社会現象などを取り上げる。

「都民ファーストなんて言葉が出てきたけど、面白い言葉だと思うね」

「小池都知事も、なかなかうまいことを言いますね」


自分が聞きたいことではなく、相手が話したがっていることを引き出して、まずはその話題を中心に話し手に話してもらう。

そのきっかけづくりに、「た・ち・つ・て・と」の語呂合わせを紹介したが、普段の会話の中で生かしてみてはどうだろうか。

ちなみに、中高年者が集まる場での話題の一位は「仕事」、二位は「健康」。すこぶるもっともなことではあるが、できれば関心の領域を広げて、話題の幅を一回り大きくしてみてはどうだろうか。

その分、相手の話題に応じて、互いに思案したり想像したりして、会話が楽しめるようになる。

5 聞きたくもない〝自慢話〟にどう対応する？

❖人はなぜ、自慢したがるのか

とかく、自慢のタネはつきないものである。ざっと思い浮かんだものをあげただけでも、次の通り。

・腕前や仕事ぶり
・これまでにあげた成果
・周囲の人たちの評判
・体力に自信があるという話
・女性（男性）にモテるという話
・わが子が頭がいいとか、スポーツ万能という話

などなど。日頃の会話でも、自慢話を耳にしない日はないくらいである。

人はなぜ、自慢話をしたがるのか。

妻の体調が悪く、珍しく私が食事の仕度《したく》をしたときのことだ。ご飯を炊《た》き、スーパーで出来合いの惣菜《そうざい》を買ってきて、とりあえず食事の用意ができた。

茶碗にご飯を盛って、私は、

「ぼくの炊いたご飯、うまいぞ」

と、自慢してみせた。妻は弱々しく笑っただけだった。

(電気釜なんだから、誰が炊いたって、変わりはないのに)

妻の顔にはこう書いてあったし、自分でもそう思っていた。それなのになぜ、私は自慢したのだろうか。誰にもできるようなことを、

「どう、ちょっとしたものでしょう」

とか、

「オレがやったんだ、すごいだろう」

などと、大ゲサに自慢してみせる。

日頃、大したこともしていないことの**負い目を、わざと自慢してみせて、いわば「おどけて」バランスをとっている**のだ。少なくとも、私の場合、「照れかくし」であり、(普段、何もしなくてごめんよ)の代用語なのである。

❖〝ほめてほしい〟から自慢する

俳優の高倉健さんは『あなたに褒められたくて』（集英社文庫）という心温まる本を書いている。「あなた」とは母親のことである。健さんは、母親にほめてもらうために、ただ黙々と働いたそうである。

世の中には、ほめてもらいたいとき、ほめてほしいと、言葉に出して言う人もいる。**自慢話も、自分をほめてほしいとの意思表示**なのである。

ある女性、担当するクライアントにプレゼンテーションを行ない、これがうまくいって、提案が採用された。

「私ね、得意先にプレゼンをして、うまくいって仕事がとれたのよ。気難しい先方の部長を納得させることができたんだ」

彼女はつき合っている彼に自慢した。彼にほめてもらいたかったからである。彼からは、

「すごいじゃないか、そんな部長にうんと言わせるなんて、大したものだよ」

と、ほめられた。

「ありがとう。前の晩、遅くまでかかってつくったグラフが気に入ってもらえたみたい」

彼にほめてもらって、彼女はいかにもうれしそうだった。

もし、彼が彼女の自慢話の真意を聞きそこなって、

「そう。で、この前の話だけど、一度行ってみようよ」

などといった応じ方をしたら、彼女はさぞかしガッカリしたことだろう。

あなたが上司なら、部下の自慢話には、あなたからのほめ言葉への期待が含まれているのだと承知しておこう。

❖自慢話は正面から受け止める

「ほめてほしい」のに「ほめてくれない」ことへの不満が理由で、自慢話を始める人もいる。

これまで自分が絶えずコンタクトをとり、また、事が起こればフォロー役を務めているからこそ、S社は変わらず仕事を発注し続けてくれる。いったい、ウチの部長も課長もわかってくれてるのか……。ほめ言葉ひとつかけてくれない上司への不満が部下にはたまっている。

また、一般に年配者には、自分がかつて、大いに頑張って仕事の成果をあげ、会社に貢献したからこそ、今日の会社がある、そのことを忘れてほしくないものだ、との思いがある。それを忘れ去られていることに、不満を抱いている人たちが少なからずいる。

彼らはこう口にする。

「いまの得意先の半分は、かつてオレが営業でとってきたものだってこと、お前たち、知ってるか。オレの営業力は、並じゃなかったんだから」

こうした自慢話は、(オレをもっとほめろ)と言っているのである。

これを聞いて、冷ややかに、

「いまと以前とでは状況が違いますからね」

といった応じ方をする人は、仕事はできても人の心がわからない人間で、周囲の協力を得るのが難しくなる。

一方、いかにも**自慢気に、昔の成功話を持ち出してくる相手にも、**

「そうだったんですか、先輩はすご腕のセールスマンだったんですね」

と、**真正面から受け止め、ほめることができる人は、**

(この男はオレのことがわかっている)

と思われ、こちらが求めれば、営業のノウハウなどについてもいろいろと話してくれたりする。

日本の社会には「ほめることをよしとしない」風潮が残っていて、「ほめるとつけ上がる」などといった、ほめることへのとんだ誤解がいまでもまかり通っている。

こうした誤解の被害者が、自慢話をしたがる人たちの中に大勢いる。

（あの人は自慢ばかりしたがるから、どうにもつき合いにくい）

などと、敬遠するのはどんなものだろうか。

聞き上手を目ざすのであれば、自慢したがる人の状況や背景についても、考えが及ぶようであってほしい。

❖自慢話には「YYN」方式で対応

こちらが頼んだわけでもないのに、手帳を開いて、

「ほら、この通り、スケジュールで一杯なんだ。唯一あいているのが、来週の火曜日なんだけどね。私に何か相談があるのなら、その日にしてくれよな」

と、言ってくる。

（別に、相談なんかありませんよ）

と、返してやりたいくらいだが、とりあえず、

「忙しくて大変なんですね」

と、つき合う。すると、

「先週、業界の集まりがあって、スピーチをしてほしいって言われたんだよ。突然だよ。急に言われてもと断ったのに、ぜひ、あなたの話が聞きたいってね」

と、自慢話が続く。

自分を誇示して、「私は常に多忙で、必要とされている人間なのだ」と吹聴《ふいちょう》して回る。

「そういう人には、ＹＹＮ方式で聞けばいいんだよ」

と、知人が言う。

ＹＹＮとは、彼に言わせれば、

「ＹＥＳ、ＹＥＳ、そしてＮＯ。つまり、なるほど、大変ですねと、ＹＥＳで受け止めておいて、ところでと、話を変えて、こちらの聞きたい話題を持ち出す」

ということになるらしい。

いずれにしても、自画自賛の自慢話に、「いやいやながら」「仕方なく」つき合うのは賢明ではない。

耳を貸さずに敵に回すのも同じく得策でないとすれば、ある程度まで相手の話に対し、

「よかったですね」

「すごいことですね」

「なかなかできませんよ」

と、ほめて返しておいて、

「ちょっといいですか？」

と、こちらの話を持ち出す。

自慢話を聞いてもらい、ほめてもらった相手はいい気分でいるから、

「なに？　どんなこと」

と、機嫌よく応じてくれるだろう。


自慢話は、するほうは気分のいいものだが、聞く側はときに「うんざり」させられる。

そこを、視点を変えて、自慢話をする側の気持ちになって受け止めてみる。

そうすることで、相手から話を引き出せれば、こちらの思う方向へ動かすための下地ができあがる。

6 どんなに〝口が重く〟ても急かさない

❖「口の重い人」二通りのタイプ

頼んだわけではないのに、自慢話を長々とする人もいれば、話しかけても気軽に応じてこない「口の重い人」もいる。

聞く者にすれば、口の重い人に口を開いてもらうのは容易なことではない。つい、（あの人は口数が少ないから）などと思って、一歩引いてしまいがちだ。こうした口数の少ない、なかなかしゃべろうとしない「口の重い人」にも、

①もともとしゃべるのが億劫で口が重い人

②置かれた環境の中で、口数が少なくなっている人

の二通りがある。

①の話すのが億劫なタイプは、とかく内にこもり、考え込む傾向が強く、話そうとしても、言葉がすぐに浮かんでこない。**話すのが苦手と思っているタイプである。**

②でよく見かけるのは、上司が雄弁だと、部下はあまりしゃべらなくなる、奥さんがおしゃべりであると、夫のほうは寡黙《かもく》だったりする、というパターンである。したがって、**相手が変わると、結構よくしゃべったりもする**のである。

聞き手として、二つのタイプを見分けて、それぞれのタイプに応じて、重い口を開いてもらう工夫をすることである。

❖どんな人にも話したいことはある

①の口の重いタイプは、「気難しい、扱いにくい」人間というイメージと重なって、とかく敬遠されがちである。

ある会社に、口の重いタイプの社員が入社して、N係長のもとに配属された。彼はまわりの人たちと馴染もうとはせず、自分からは話そうとしなかった。

昼休みにはいつの間にかいなくなり、午後の一時直前に、どこからともなく戻ってきて席に着く。どこで、どんな食事をしているのか、誰も知らなかった。

N係長は、口が重く人とつき合おうとしないこんな新人を、なぜ会社が採用したのか、疑問に思ったものである。とはいうものの、彼は自分の部下である以上、なんとかしなくてはならない。

たまたま、ある日、休憩室の近くで彼とすれ違ったので、声をかけたところ、彼は立ち止まり、

「ちょっと、お願いがあるんですが」

と、言ってきた。

「え？　どんなこと？」

彼はまわりを見ながら、言いよどんでいる。N係長は休憩室に誘い、二人きりで向き合った。すると、彼はこう言い始めたのだ。

「帰りがけに、先輩たちに一杯やらないかと誘われるんですが、ああいうのって、私、苦手なんです。行きたくないんで、誘わないでもらいたいんです」

これまで、先輩が誘ってくれないんです、という話は聞いたことがあるが、先輩に誘わないでほしいと言い出した新人は初めてだった。N係長は、

「キミね、会社に入ったら、先輩やなんかと一杯呑むのは、サラリーマンの常識だよ。酒が呑めなくても、つき合いたくないと思っても、三度に一度ぐらいはつき合う。でないと、

「会社は務まらないよ」

と、諭《さと》したが、彼は無表情のまま、黙って聞いているだけだった。そして、一言、

「賑やかな場は苦手です」

と言うなり、自分の席に戻ってしまった。

どうしたものか。N係長は考えが浮かばなかった。仕方なく、それとなく様子を見ることにした。

しばらくしてある日、休憩室で彼を見かけた。人事の担当者から、彼について聞いたことを思い出して、さり気なく、

「キミ、音楽が好きなんだって?」

と、話しかけた。しばらくして、「ええ」という返事があった。N係長もちょっと間をおいて口を開いた。

「音楽は聞くほう、それとも自分で何かやるほう?」

珍しく、彼からはっきりした口調の答えが返ってきた。

「子どもの頃からピアノが好きで、いまでもピアノを弾くと、気持ちが落ち着くんです」

「そう、ピアノか。ぼくもピアノの音は好きだな」

そのとき、彼との会話はそれで終わったが、以後、彼と話すたびに、ピアノの話題になった。

そうして、三カ月ぐらいの間に、いろいろなことがわかってきた。彼がピアノを好きになったきっかけは、母親がピアノを弾いているのを聴いて、好きになったからであり、七歳のとき、母親は父親と離婚して、いなくなってしまったこと。以来、母親とは一度も会っていないこと。父親は中央官庁の役人で、いつも仕事に追われていたことなどを、ポツリポツリと話してくれたのだった。

N係長は、彼との間に、いつの間にか、コミュニケーションの回路ができていたことに気がついたという。

この話は、N係長から私が直接、聞いたものであるが、ここには、係長いわく、「口の重い人でも、時間をかければ、話してくれるようになるものだと、私は彼から教わりました」

というように、**話を聞き出すときの、「急がずに待つ」ことの大切さ**が示されている。

そして、どんなに口の重い人でも、必ず話したいことは持っているものだということが見えてくる。

彼はN係長とゆっくり言葉を交わす中で、自分のことを話したくなり、N係長に聞いてほしいと思うようになったのだろう。

❖急かさずに相手が話し出すまで待つ

いまの世の中、「速いことはよいこと」の観がある。職場では「拙速主義《せっそく》」が優先され、頭の回転の速い人は「頭がいい」と言われる。

でも、ゆっくりだっていい場合がある。物事にゆっくり、じっくり取り組んで、思いがけない成果をあげる人も少なからずいるのである。

話し方も、早口ですぐに言葉が浮かんでくる人が話し上手と思われがちだが、**口が重かったり、ゆっくり話したりする人の話し方にも、良さはたくさんある。**

口が重い相手には、何より「急《せ》かさないこと」「待つこと」を心がける。

相手が口を開かないのは、言葉が浮かんでこないからだ。あるいは、どの言葉にしようかと、選ぶのに時間がかかっているためだ。そこで、

「つまり、どういうこと？」

「要するに、こう言いたいわけか」

「だから、何が言いたいんだ」

などと、催促の相槌で追い込んだら、相手をあせらせるだけで、ますますしゃべりにくくさせてしまう。

よい聞き手は、落ち着いて相手が口を開くのを待っている。

かつて、高倉健さんは「それは……」と言ったきり、黙ってしまうことが多く、〝インタビュアー泣かせ〟と言われた。それでも、笑顔でじっと待ったインタビュアーもいて、その結果、貴重な話を聞くことができたという。


一方、前述の②のタイプは元来、口数が少ないわけではない。役割上、話すのを控えて寡黙でいるだけなのだから、こちらから、なんらかのきっかけをつくって、「話すように仕向ける」ことができれば、口を開いてくれるはずだ。

たとえば、相手が普段から関心のある事柄について、「どう思いますか？」とか「話を聞かせてください」などと持ちかけてみる。

興味や関心のあることなら気軽に話してくれるだろうし、そもそも「口が重い」タイプではないので、そうした会話を糸口に、話が思わぬ方向に展開することも充分に期待できる。

話し好きの上司の下で、常に聞き役に回っているMさんは、「口数の少ないタイプ」と思われていた。実は、歴史に興味があって、特に江戸時代の歴史に詳しい。そのことに気づいたのは、女性社長のK子さんだった。

そんな彼女がMさんに話を促し、聞き役に徹したところ、面白い話をたくさん話してくれたという。いままでは、Mさんの話を聞くのが楽しみでしょうがないそうである。

第4章

質問上手になって、相手に「しゃべって」もらう

1 〝素朴な質問〟ほど、話し手を刺激する

❖質問が浮かばないのは、なぜ？

質問というと、「いい質問が浮かばない」「無理に質問するのはいや」「質問は苦手です」といった声がよく聞かれる。

事実、講演会のあとで質問の時間を設けても質問が出ない、少ない。司会者が「この際ですから」「どのようなことでも」と呼びかけても、結局は、「ないようですから、これで本日の講演会は終わりとします」と、打ち切ってしまうことが多い。

なぜ、質問が出ないのか。

一つには、前もって質問を用意する習慣がないということ。さらには、「つまらない質問だと思われたくない」との気持ちが関係している。そこで、「さすがと思われる質問」を、と考えるのだが、すぐに浮かんでこないのである。

そもそも質問の目的は、知りたいことを知るため、理解するため、これが第一である。話し手から「いい質問ですね」「さすがですね」と、ほめられたくて質問するわけではない。それなのに、大勢の人の前となると、

（いいところを見せたい）

との思いが先立って、気の利いた質問をと頭をひねるのだが、いっこうに浮かばない。まして、核心をつく質問をなどと意気込むと、かえって頭が回転しなくなる。中には質問したいと思っても、上手に言葉で表現できないのではという不安から、質問を引っ込めてしまう人もいる。

胸の内に抱えるだけで口に出さなければ、質問することはないのだと見なされてしまう。最初は要領を得なくても、ともかく質問をしてみることである。

そのためには、話を聞きながら、

・理解できないこと、理解不足なこと
・もっと深く知りたいと思うこと
・主張の理由や根拠

など、思い浮かんだ疑問点や気になったことをメモしておく。そうすれば、質問事項が

はっきりする。

質問する習慣をつけると、話を聞くのにもよく考えるようになり、表現する力も身についていく。

質問するのは相手の欠点をつくことでも、相手を責め立てることでもない。（質問したら、生意気と思われて、うるさい奴とマークされる）こう考えて、質問なんかするものではないと、思い違いをしている者もいる。繰り返すが、知りたいから、わからないから質問をして聞くのである。相手に興味があり、相手の話に関心があるから、質問するのである。

話し手にすれば、質問してくる相手には、もっともっと話したくなるものである。まったく質問がないのでは、話した甲斐がないというものだ。

❖話し手をハッとさせる質問

子どもの質問は素朴かつシンプルで、話し手をハッとさせることがある。大人はわかったつもりで（いまさら聞くまでもない）と考えて、聞き流しているために、素朴な質問をする者が少ない。

私は何年か前、『人は「話し方」で9割変わる』（経済界）という書名の本を出した。この本が好評で、たくさんの方に読んでいただいたおかげで、以後『女性は「話し方」で9割変わる』『子どもは「話し方」で9割変わる』と、『9割シリーズ』が出版され、いっそう多くの読者を得た。

その影響で、「人は話し方で9割変わる」という「演題」の講演を数多く依頼された。

その日も、同じ演題で大勢を前に話をした。話し終えたあとの質疑応答の時間に、中年の男性から、こんな質問をされた。

「今日は、話し方で人は九割変わる、というお話でしたが、なぜ九割なんでしょうか。九割という根拠についてお聞きしたい」

それまで私自身、「なぜ九割なのか」と疑問を抱いたり、考えたりしたことはほとんどなかった。ただ漠然としたイメージはあったものの、出版社の編集部が決めた題を、そのまま受け止めて書いたのであって、改めて「なぜ九割か」と質問されて、一瞬、答えが浮かんでこなかった。といって、

「特に理由もありませんし、根拠もありません」

では、あまりに素っ気ない答えである。質問した人は愕然《がくぜん》とするに違いない。そこで、

咄嗟《とっさ》に浮かんだことを私はしゃべり出した。

「九割というのは、百パーセントとは言い切れない、という意味です。つまり、残り一割に変わらない部分があるということです。

人間は、自分は百パーセント変わらないものだと、考えやすい。人間は変わるのです。そして九割は変わる。でも、全部変わったら、その人ではなくなるんです。一割は変わらない。その変わらない一割は、その人の持ち味であって、その人自身です。

だから、九割変わるというのは、一割の変わらない部分を核として、しっかり意識すること。一割を知るためにこそ、九割なんだと、そういう意味で『9割変わる』としたのです」


それまで、なんとなく思ってはいたのだが、右に述べたほど、はっきりと考えていたわけではない。素朴な質問の力である。

いまさら聞くのは恥ずかしいなどと思わず、**単純でわかり切ったことでも質問してみることだ。話し手にとっては、大変うれしい質問**なのだから。

2 答えやすい質問から入る

❖具体的に「場面」を特定する

気の利いた質問が浮かばない。質問しても、要領を得た答えが返ってこない。よく耳にするこの二つの問題は、一つには質問し馴れていないために起こる。そこで、質問する機会があれば、あるいは質問の機会を見つけて、質問することに馴れていくことである。

その際の要点をいくつか紹介していこう。

仙台に転勤になった先輩が、久しぶりに東京の本社に現れた。半年に一度行なわれる「担当者会議」に出席するためであった。

A君がその先輩に、

「毎日、どんな生活をしているんですか？」

と質問した。

すると、先輩は笑いながら、

「どんな生活って、普通の生活だよ」

と答えたが、呆れたような顔をして、こう続けた。

「お前の質問は大ゲサなんだよ」

A君の質問は漠然としすぎていて、何から答えてよいか、糸口が見つけにくい。先輩にはそれが〝大ゲサ〟と映ったのだ。

「毎晩、夕食は外で食べるんですか?」

と、今度は質問内容を絞り込んだ。

「オレは結構、料理するのって好きなんで、夕食はほとんど、自分でつくって食べるね」

「へえ、そうなんですか。ちなみに、昨晩は何をつくったんですか?」

「ハハハ、ゆうべは飲みに行ったからな。二軒目のスナックで握り飯を食べたけど」

「スナックに握り飯があるんですか?」

「昔はどこのスナックでも握り飯を用意してたらしいけど、いまは少なくなったな。たまたま、その店にはあったんだよ」

「米どころの仙台らしいですね」

先輩とA君との会話は弾んだ。

もっとも、最後の「米どころの云々《うんぬん》」では、先輩のほうから、

「スナックに握り飯なんて、やはり米どころの仙台らしいよな」

と口にすれば、

「ほかに仙台の食べ物と言えば、どんなものがありますかね」

と、A君は再び質問ができる。

「そうね、牛タンかな。仙台駅の駅ナカに……」

などと、会話は続く。

最初の例のように、いきなり、

「毎日どんな生活をしていますか？」

「地方における独身生活というのは、どんなものですか？」

といった大げさな質問では、

「そんなこと言われてもね、一言じゃねえ」

と、相手は何をどう話したらよいか思い悩み、答えに窮してしまう。

そこで、**身近で、範囲を狭めた事柄に絞って**質問をする。

妻から、

「夕ご飯、何にする？　何が食べたい？」

と問われた夫は、すぐに答えられなくて、

「なんかうまいものが食べたいね」

と、わけのわからないことを言い出す。

イライラした妻が、

「そんなんじゃ、わからないでしょ！」

とクレームをつける。この場合も、

「和食系がいい？　それとも洋食にする？」

と、絞ってみる。

夫もそれならと、

「うん、たまには中華がいいね」

と応じ、食べたいものの範囲がだんだんと見えてくるのである。

親しい間柄だったり身内であったりすると、(言わなくてもわかるだろう)との思いから、漠然とした質問を投げかけ、その結果、かみ合わなくなることも少なくない。

❖「どう思いますか?」では工夫が足りない

質問の際の〝決まり文句〟のひとつに、「どう思いますか?」というセリフがある。

会社を訪問して、部屋に通された直後に、

「わが社の社員について、どう思われますか?」

と聞かれて、答えに困ったことがある。

そんな場合、質問された側としては、次の三つの項目でチェックしてみる。
・社員が進んで挨拶しているか
・職場の整理整頓が行き届いているか
・人々の動きがテキパキとして活動的か
利益のあがっている会社は、右の条件を満たしている、という話を聞いた覚えがある。

コミュニケーションの面から考えると、「どう思いますか？」と質問をするよりも、次のようなやりとりがあるほうが話が深まるのではなかろうか。

「わが社では『挨拶第一』をモットーに、社員が自ら挨拶できることを目ざしているのですが、さて、どこまで行き届いているか……。まだまだ充分ではないと思っています」

「そうですか。この部屋にご案内いただく途中で、すれ違った社員の方々が元気のいい挨拶をしてくださって、とてもいい気持ちでした。皆さん、実践されているんだなと思いました」


プロ野球でも試合後にインタビューがある。ホームランを放ち、勝利に導いた選手にアナウンサーが質問をする。

「いかがですか、いまのお気持ちは？」

この質問に選手としては「最高です」と、答えるしかないだろう。

「素晴らしかったです」

「明日の試合も頑張ります」

こんなやりとりを聞いていると、もっと質問に工夫をしてほしいと思ってしまう。

「バッターボックスに入ったときは、どんな気持ちでしたか？」

このように、場面が浮かぶ質問をしてみる。

「このところ当たりが止まっていたんで、正直、自信はありませんでした」

「でも、高めに入った速球を思い切って振りましたね」

「夢中でした。バットを振ったとき、ボールを芯で捉えたという感触があって、見ると高々とあがったボールが、外野席に飛び込んでいくのが目に入りました」

「狙っていたんですか？」

「というより、体が動いたという感じでした。これまで、体が忘れていたんですかね」

「次の打席でも、強い当たりのヒットでした」

「ええ、体が動き出したので、これからはガンガン打っていこうと思います」

相手が答えやすい質問とは、的を絞ったり、場面を特定したりして、**具体的にイメージが浮かんでくるような質問**のことである。

質問の仕方の第一歩は、ここから始まる。

3 聞かないとソンをする！　年配者の経験談

❖深い知恵や問題解決のノウハウの宝庫

年上の人、特に年配の人と話すのが苦手、という人も多い。Y君もその一人だ。

Y君は初対面の人はもとより、普段話したこともない、年配者で立場の上の人は、話す前から、大の苦手と思い込んでいる。

ある日、常務が出席する会合にお供を命じられた。会場までクルマで二時間。その間、常務の横に座っていなければならない。課長に、

「常務とはどんな話をすればいいんですか？」

と聞いたところ、

「自己紹介をして、それからあとは雑談でいいんだよ。常務だからって、特別改まることはないさ。まあ、いい機会だから、聞きたいことがあったら、質問してみるんだな」

と教えてくれた。

Y君は、

「そうですね、わかりました」

と、答えたものの、課長の言葉をしっかり受け止めるだけの余裕がなかった。

さっそくクルマの中で、常務に自己紹介したものの、常務からは、

「そうか、入社三年目か」

と、言われただけだった。

あとが続かず、気まずい沈黙。

(常務といえば、先代社長にもつかえ、現在二代目社長を補佐して、何かと苦労人との定評のある人)

Y君はそんなことを思いながら、課長に言われた「質問」について考えてみた。そして、常務に恐る恐る聞いてみた。

「常務は、役員になる前はどんな仕事をやられていたんですか?」

常務はいったん目を閉じたあと、Y君に話し始めた。

「そうだね、いろいろやったけど、勤労部長を務めた頃が一番大変だったな。新しい給与

体系に移行するに際して、組合の連中と社長の間に立って、両者を納得させるという仕事の大変さは、並大抵のものじゃなかった。おかげで、いまの社長とも信頼関係ができてね」

常務は、Y君が入社する前の会社の状況について、興味深い話を聞かせてくれた。

Y君は、質問はしてみるものだ、と思った。

年配の人、部長、役員など立場の上の人は、今日の地位を築くまでにさまざまな経験をしてきている。年配者への質問では、何よりその豊富な経験を聞くことである。

この変化の激しい時代、過去の経験など役に立たぬとばかりに、**年配者の経験談に耳を貸さない部下・若い人は、自らソンをまねいている**のだ。

過去の経験の中には、時代が変わろうとも通用する、深い知恵や問題解決のノウハウが含まれているものである。聞いてみてこそ、そのことに気づけるのである。

年配者も、自分が経験して学んだことを、後輩や若い人に伝えたいと思っている。

相手が望んでいるのだから、遠慮しないで大いに質問すればよい。近頃は二十代の人たちは課長に遠慮し、三十代の人たちは部長や役員などに遠慮、気がねして、質問しない傾向にある。

❖質問する際の三つの心得

まずは遠慮せず、ただし、タイミングを見定めて質問することだ。

相手の都合のよい時間、ときには上機嫌か不機嫌かを見極めて質問する。普段、上司の様子を観察していれば、質問のタイミングを計るのはそう難しいことではない。

第二に、質問したことに対して、相手が沈黙しても、落ち着いて待つことである。

何をどう話したらよいか、考えているのかもしれない。年配者の中には口の重い人もいる。話し始めたら、反応をはっきり示して聞く。

（あなたの話を聞いています）

と、態度と言葉で伝えることを忘れてはいけない。

要所で相手の目を見て、生き生きとした表情で、相槌を打ちながら聞くとよい。もともと話が長い年配者の言うことに、相槌を打ってつき合っていたら、ますます話が長引いてしまうのでは、との声もありそうだが、心配はご無用。

話が長い、くどい場合は、

「つまり、こういうことですね」

「その先が知りたいです」

などの「要約」「整理」「先への促進」といった相槌を要所要所で打って、テンポを速めてもらうのだ。

第三に「メモをとる」こと。

近頃は、メモをとる人が少なくなったようだ。話し手が「メモをとるように」と促して、初めてメモをとるケースもしばしばである。言われてメモをとるのと、言われなくてもメモをとるのとでは、話し手に与える印象に大きな違いが出る。

なお、質問して話を聞き終えたあと、相手から、「ほかに何か聞きたいことがありますか?」と言われることがある。

このとき、もっと細かく聞きたいことや、関連して浮かんできた疑問などについて追加質問するのは、「よく聞いている証拠」と見なされ、頼もしい人物と評価される。

年配者への質問は、自分にプラスになるばかりではなく、相手をも喜ばせる。

また、質問がきっかけで、相手との〝距離〟が近くなることもある。年配の人に対して、質問する前は近づきにくく、馴染みにくかったが、質問して話を聞いているうちに、打ちとけた雰囲気ができて、以後、スムーズに会話を交わせるようになったという人は少なくない。

4 目的に応じて変わる質問の仕方

❖挨拶代わりの質問

人と会ったとき､その人とのつながりをつくる働きのある言葉や動作を「挨拶」という。単に儀礼的なものと見られがちだが、挨拶の一言によって人との関係が生まれ、維持されるのだから、人間の生活に欠かせないものである。

質問も挨拶として使われることがある。たとえば、

「よお、忙しいかね」

と、くだけたものから、

「お出かけですか、どちらまで」

など、ちょっと改まったものまでさまざまである。中には、ぶらっとやってきて、

「ヒマか？」

が口ぐせになっている人もいる。

この場合、忙しさやヒマ加減、あるいは行き先などを、質問によって問いかけているわけではない。相手との関係を良好に保つのが目的でなされる。これは「挨拶代わりの質問」として、質問の一つにあげられる。

タクシーに乗る。運転手に声をかける。

「どうですか、景気は？」

「よくないですね」

「でも、近頃のように、突然雨が降ってきたりすると、タクシーを利用するお客さんは多いんじゃないですか」

こんな**挨拶代わりの質問は、会話のきっかけづくり**の役割をはたしてもいる。

とはいえ、質問は知らないこと、わからないことを知りたくて、相手に問いかけるコミュニケーションである。

そこで、以下に、質問の目的ごとに分けて述べていこう。

❖「事実を知る」ための質問

人と話すには、その前に相手について知っておくことが必要である。

仕事を前に進めて、よい結果を出すには、現状把握からスタートする。いま、仕事を取り巻く状況がどうなっているか、それを知ることから始める。Ｐ・ドラッカーは、「時間が何に使われているか。それを知ることからスタートせよ」と、言っている。これも現状把握のひとつである。**現状を知るには、事実をつかまなくてはならない。**ここで求められるのが**事実を聞く質問**である。

Ｔ君の姿が見えない。上司が部下に尋ねる。

「Ｔ君は？」

「席を外してます」

「そんなことはわかっている。どこへ行ったか、聞いているんだ」

「さあ、現場にでも行ったんですかね」

こんなふうに事実を聞く質問は、

「来週の打ち合わせは、何時からと決まったんですか？」

「先方はＯＫしてるんですか？」

「明日の会議の出席者は何名ですか？」

など、確認のためになされるものを含めて日々、飛び交っている。こうした質問をするときには次の点に留意したい。

①確認を怠らない

つい、（多分こうだろう）と独り合点して、事実誤認のミスを犯すことがある。

②質問内容を絞り込む

「調子はどうですか？」

これでは、単なる挨拶代わりの質問なのか、「納入した機械の調子」のことなのか、はっきりしない。

「新しいコピー機の写り具合はどうですか？」

と、何を聞きたいか、はっきりさせる。

③聞きづらいことでも遠慮しない

プレゼンテーションの結果、他社に決めたとの知らせがきた。このとき、「そうですか」で終わらせず、

「どこの社に決められたのですか？　ウチがダメだった理由はなんだったのでしょうか？」

と、ここは遠慮しないで質問することだ。

❖「意見を聞く」ための質問

事実に関する質問は、答えは誰が言っても同じだが、意見は答える人によって異なる。

「人形町の甘酒横丁はどこにありますか？」

「甘酒横丁は面白いところですか？」

前者は事実を聞く質問、後者は意見に関する質問。面白いかどうか、それは答える人しだいである。

意見を聞く場合、**はっきり答えない人もいるので、一歩踏み込んで質問する**必要がある。

「テスト販売の件、私はいいと思うけど」

「どんな点がいいんでしょうか？」

穏やかな口調で問いかけることだ。

❖「感情を聞く」ための質問

人間は、自分の気持ちを正直に言うとは限らない。特に、不満、嫉妬、いら立ちなどを口にするのは大人気ない、との思いがある。

人間の感情は複雑なので、表現の奥に本音が隠れている場合がある。部下の提案に反対

する上司は、部長に可愛がられている部下への嫉妬が影響していたりする。そこで上司に、

「私の言い方に、何か問題があったのではないですか？」

と、質問してみる。

「まあね、決めつけるような言い方をされると、抵抗があるよな」

「申し訳ありません」

上司も、自分の感情に気づかれたと察すると、

「内容はいい点をついてるんだよねえ」

と、態度を和らげてくる。

人は、自分の気持ちをわかってくれる人、配慮してくれる相手には、

（私のことをわかってくれている）

と感じて、協力的になるものである。

話し手の表情、口調、前後の状況、日頃の様子などから、**言葉には表われない相手の感情の動きについて察知できる**ようになりたい。

何を聞くか、その目的によって、質問の仕方は変わってくる。必要な質問を、必要なやり方で、相手に向け発せられるようになりたい。

5 口にしてはいけない、こんな質問！

❖質問のしすぎは嫌われる

質問はそれによってお互いの関係が深まる良さもあるが、同時に、質問の仕方によっては相手に嫌われることもある。

初対面の女性を質問攻めにして嫌われた男性の話を前に紹介したが、**「質問ばかりする人」はうるさがられ、**
（あなた、いったい何なの？）
と、非難の目を向けられ、引かれてしまう。

ほかにもどんな質問の仕方がＮＧか、ここでまとめておこう。

❖相手を試すようなクイズ式質問

近頃のテレビでは、珍しいこと、新しいことを紹介しながら、

「そこで質問です」

と、必ずといってよいほど、質問をはさんでくる。

先日も、スペインやフランスなどの日本食の店を紹介しながら、

「いま、世界で日本食の店が何店舗あると思いますか?」

と、出席者に質問を発していた。「八万九千店」が答えだったが、この種の質問を「クイズ式質問」と呼ぶ。

テレビの出演者に答えてもらって、場を盛り上げようとしているのかもしれないが、日常の中で、**クイズ式質問をすると、相手を試しているように受け取られる**ので、やめておいたほうがよい。

「この前、新宿を歩いてたら、珍しい人に会ってね、誰だと思う?」

そこに居合わせたわけではないから、答えられなくて当然だ。ところが、世の中には勘のいい人もいて、

「もしかして、○○さん?」

と、当ててしまったりする。

答えられない人にとっては、愉快なことではない。知っている者の優位性を感じさせる

質問なので、やめておくべきだ。

❖答えも曖昧になる漠然とした質問

研修を受講した者に、

「どうだった、研修は？」

と、質問をする。

これでは、

「よかったですよ」

「まあまあでした」

などとしか、答えは返ってこない。

質問のときによく使われる**「どうだった？」**は、**「何が」どうだったのか、はっきりしないために、**答えるほうも「まあまあです」などの曖昧《あいまい》な表現になる。

「研修で、一番印象に残ったのはどんな点だった？」

と、聞きたいポイントを絞り込むことである。

❖「なぜ」と問いただす質問

「なぜ」という質問は、理由を聞いているつもりでも、相手は責められているように受け取りかねない。

「なぜ遅刻したんだ？」

なぜだ、どうしてだ……と問われると、相手は、

「ダメじゃないか」

「いい加減にしろ」

と、責められているように受け取る。

「すみません、気をつけます」

相手からは、こんな答えが返ってくるだけで、今後の対策は出てこない。

「なぜ遅刻したんだ？」

よりも、

「どうすれば時間通りに出てこられるかな」

と、**方法や対策に考えが向くような質問をする**ことである。

話の中身は要望なのに、非難めいた質問をする人もいる。

「なぜ、もっと早くできないんだ？」

この質問は、話し手の「早くやってもらいたい」という要望から発しているのだが、否定表現のため、相手を身構えさせてしまう。

さらに、皮肉・いや味に聞こえる次のような質問もNGである。

「頑張ってるっていうけど、何を頑張っているのかね」

頑張ってほしいという、話し手の気持ちは伝わらないだろう。

❖質問という名の詰問

質問したいと言いながら、相手を問いつめているケースもよく見かける。

「キミに質問したいことがある。私に断りもなく現場に連絡されては困るじゃないか。いったい、どういうつもりだ」

質問があると言っておきながら、直後に相手に文句を言ってしまう。

よくある妻からの質問。

「あなたに、ちょっと聞きたいことがあるのだけど」

この手の質問は難問というべきか、うっかり、

「どういうこと？」

などと応じると、

「土曜日が休日だからって、いつまでもぐずぐずしていていいと思うんですか？」

答えは「よくない」しかないわけで、相手は待っていましたとばかり、

「だったら、すぐ手伝ってもらいますから」

と、たたみかけてくる。

職場で上司が部下に尋ねる。

「お前、やる気があるのか？」

もちろん「ない」とは言えず、かといって「あります」と答えたら、たちどころに、

「だったら、どうして、ちゃんとやらないんだ」

と、責められる。

いずれも、質問を装った詰問《きつもん》といえよう。

❖こんな質問、女性にはＮＧ！

朝、いきなり、

「顔色よくないね、どうかしたの？」

と、言われた彼女、**一日中、そのことが気になる。**

相手を心配してのことなのかもしれないが、次のような質問も、女性に好かれることはない。

「疲れてるの？　元気ないようだけど」

こう言われると、いつもと変わりないのに、いやな気分になる、とはある女性の言。

ここは次のような出方をするとよい。

「どう、うまくいってるの？」

声をかけられた彼女、

「実はね……」

と、いろいろと話し出す。

相手からどんな話を引き出せるか、それは聞き手の質問の仕方で決まる。どんな答えも、聞き手の質問しだいなのである。

第１章と第５章でふれている「その場力《ばりょく》」のある人は、質問の仕方も上手な人が多い。

その場で、
①よく話を聞き
②相手の動きを観察し
③その上で想像力を発揮して
何をどんなタイミングで質問するかを考えるのである。

第5章

聞く力を磨くと「考える力」が身につく

1 話が〝つまらない〟ときの聞き方のコツ

❖誰もが「自分にないもの」を秘めている

人の話を聞くという場合、その態度は次の三つに大別できる。

①聞くのは得意
②聞くのは苦痛
③聞くのは楽しい

①は、「聞くのは簡単」「聞くくらい、私にもできる」との認識から出てくる態度で、「話すのは難しくて苦手」という誤った捉え方が根底にある。聞くことの難しさ、大変さについての認識不足からくる。

②は、聞くことの大変さ、負担感から生じるもので、①よりは「聞く」ことについての捉え方は進んでいる。

ただし、ときにしゃべりたい誘惑にかられると、聞くのは「辛いこと」と感じ、いい加減に解放されたいとばかりに、聞くのを放棄してしまう人もいる。

③のレベルまでくれば、苦痛から解き放たれて、伸び伸びと聞くことができ、「聞く」ことを楽しめる。

これまで講演でも話し、本にも書いた、仙台で乗ったタクシーの運転手さんについて、あえてもう一度、ここで紹介したいと思う。

彼はまさしく、「聞くことを楽しんでいた」からである。

仙台駅前でタクシーを拾い、乗り込んで行き先を告げた。

「ハイ、わかりました」

運転手さんの明るい声が返ってきた。

その日、仙台は曇り空で、いまにも雨が降り出しそうな空模様だった。一分ほど間があったのち、運転手さんから、

「お客さん、ごめんなさいね」

と言われた。

「え？」

私は、いったいなんだろうと思った。

（まさか、降りてくれなんて言い出すんじゃないだろうな）

そんな思いがチラッとかすめた。

だが、彼が言い出したのは、次のようなことだった。

「せっかく仙台においでになったのに、こんな曇り空で、うっとうしくて、申し訳ないですね」

屈託のない、明るい口調で話し出したので、私は笑ってしまった。

「天気の具合は、運転手さんのせいでも何でもないですから、謝られても困りますよ、ハハハ」

「それでも、せっかく仙台に来られたんですからね」

そんな彼に親しみを覚え、以後、おしゃべりをしあった。

以前は東京でサラリーマンをしていたが、会社が倒産したため、地元の仙台に帰り、タクシーの運転手を始めて五年になるという。

目的地まで彼との会話が弾んで、二十分ほどの時間が短く感じられた。降り際に、

「いや、運転手さん、楽しかったですよ」

と笑顔を向けると、さらに明るい笑顔が返ってきた。

「私も、こうしてお客さんと会話をするのが楽しみなんです。お客さんもいろいろな方がいて、さまざまな話が聞けるので、それが楽しみなんです」

「そういえば、運転手さん、聞き上手ですよね」

このあとの、彼の一言が印象に残った。

「人って、自分にないものを持ってますからね」

聞くのが楽しいのは、

「自分にないものを持っている、他人の話が聞ける」

からなのである。

❖「つまらない話」と決めつけていないか

同じ話を聞いても、（つまらない）（くだらない）と感じる人もいれば、（面白い）を見出す人もいる。

頭脳明晰で博識の人は、知識を誇りたくなって、黙って聞いていられなくなるようである。

そして、黙って聞くことができない理由として、相手の話が（つまらない）と決めつけて、（聞く価値もない）などと、無視してしまうのである。

たしかに「つまらない話」や「退屈で面白くない話」は存在する。でも、それはそれとして認めた上で、こう考えてみたらどうだろう。

実は「面白くない話」は内容の濃さゆえに、抽象的でわかりにくいだけであって、自分の理解の及ばないのを棚上げして、（つまらない）と決めつけていないかどうか……と。

そして、**どうしてもつまらない話は、**

（どうすれば面白くなるか）

と、考えながら聞いてみるとよい。

話を面白くするヒントが得られるかもしれない。

聞くことが楽しいのは、人の話には思いがけない宝ものが隠れているからである。宝ものに気づけば、ときに苦痛でもある「聞く」が楽しみに変わるのである。

2 〝真意〟が見えるまで「聞く」に徹する

❖クレームには言い返さない

話を聞くとはいっても、質問したり、別の話題を振ったりと、こちらからも発信をして、いつとはなしに、聞き手から話し手に交代している場合もある。

聞く一方、話す一方では、コミュニケーションは成り立たないからである。

だが、例外もある。ひたすら聞き役に回って、聞くことに徹する場合がある。その代表が、相手からのクレームである。

近頃のクレーム、特に商品やサービスに関するクレームは、明らかに不当でも、無理難題をつきつけ、あたかも正当であるかのように一方的に言い立ててくる。そして、

・大声でわめく
・態度・物腰ですごみを利かす
・暴力も辞さないと脅す

などの、いわゆる「ハードクレーマー」がふえ、その応対に苦慮するのが担当者である。彼らの言いがかりや脅しに屈しないためには、言われたら言い返し、強気の姿勢で臨むべきだとの声を聞くことがある。だが、苦情対応の基本は、聞き役に徹することである。単なる言いがかり、難くせであっても、途中で口をはさまずに、すべて聞きとる。相手に負けまいとして力めば、先方はいっそう強い出方をして威嚇《いかく》してくる。もともと相手は無理な要求を押しつけているのであって、それを承知の上で、あえて強がりを言っているのだから、こちらは聞き役に徹すればよいのである。

あまりにしつこく迫られてカッとなり、

「いい加減にしてくださいよ！」

などと言い返していたら、応対役は務まらない。話をすべて聞いて、

「どうしてくれるんだ」

と、言われたとき、譲れない部分は、

「申し訳ありません。その条件では応じられません」

と、きちんと言い切る。

ハードクレーマーがふえたとはいえ、クレームの多くは、製品やサービスへの不満の表明である。そうした**不満に耳を傾けることによって、新しいアイデアや商品開発のヒントが得られる**ケースも少なくない。

「クレームは宝の山」と言われるのはこのためである。

クレームは期待があるから生じる。これは人間の心理なのだ。この心理に対応する方法としては、「聞き役に徹する」のが何よりである。ハードクレーマーという特別な事例であっても、変わりはない。

徹底して聞くことで、「不当な要求を大声で叫ぶ」やり方の奥にあるものが何であるかを、知ることができるのである。

❖人をどこまで理解できるか

クレーマーの話をひたすら聞くのは、単に相手に不満を吐き出させるためだけではない。なぜ、このようなクレームを言おうとしているのか、そのことを理解するために、すなわち、相手を理解するためにも必要なことである。

納税課の窓口にやってきた中年男性が、

「役所はなんで、こんな高い税金を取るんだ」

と、応対に出た若い男性職員に、いきなり大声で文句を言った。

「役所はいったい、いくら税金を取れば気がすむんだ。え、おい！」

職員は返事に困って、

「そう言われても、私が税金を決めるわけじゃありませんから」

と、言い返した。この一言で、男性はさらに激怒した。

「そんなことはわかってる。オレをバカにする気か……」

騒ぎに気づいて、上司が若い職員と交代した。上司は男性に向かって言った。

「おっしゃる通りです。たしかに税金は高いです。当市は、この県で、もっとも税金が高いんです。本当におっしゃる通りなんです」

男性の主張を、そのまま認めたのである。すると男性の怒声が幾分和らいだ。

「そうだろう、オレの言う通りだろう」

「ハイ、私も当市の市民として税金を払っている者として、よくわかります」

「あんた、クルマを持ってるのか」

「ええ、持っています」

「だったら、自動車税がバカ高いのはわかってるよな」

「払わなきゃならないんで、仕方なく払っているというのが本音です」

「オレも、こうして仕方なく払いにきてるんだ」

「ありがとうございます。貴重な時間、わざわざお支払いにおいでくださったんですね」

男性の顔から、怒りは消えていた。

実は、上司は男性の右上のポケットから納付書がのぞいているのを見てとって、（この人は税金を払いにきてくれたのだ）と、気がついていたのだった。

市の税金が高いのは事実だったが、あえてその話から入り、相手の言い分を認めたのも、高い税金をわざわざ払いにやってきた、その気持ちのいら立ちが理解できたからであった。

男性が帰ったあと、上司は若い職員に、こうアドバイスした。

「文句を言ってくる市民への応対で大事なことは、話をよく聞いて、相手を理解することなんだよ」

身を入れて話を聞く過程で、相手のことが徐々に理解できるようになる。人を理解する力が、話を聞くことで身についていくのである。

3 「聞く力」が育てる「考える力」

❖「ソビエト学校」の国語の授業

聞き上手になって得られる〝宝〟は山ほどあるが、中でも、本書の中心テーマである「話し上手への近道」、すなわち、「聞き上手は話し上手になれる」は、もっとも素晴らしい宝ものである。

話を聞いて内容が理解できるかどうかは、話し上手になるための大きな鍵、条件である。そして、内容を理解するには、「聞いて考える力」がなくてはならない。

話を聞いても、**「うのみにしたり」「聞き流したり」で、考える力が伴わないと、聞いたあとの話し方が的外れに**なって、

「私はそうは言っていない」
「ちゃんと聞いてくれないと困る」

などと、話し手を失望させる。(あの人は話が聞けない人)と、評価を下げることにもなる。

「話がわかる人」とは、考えて話を聞く力の備わった人のことである。

通訳の仕事を経て作家に転身した米原万里さんに、『言葉を育てる』（ちくま文庫）という対談集がある。その中で、九歳から十四歳まで五年間通った「在プラハ・ソビエト学校」について、次のように述べている。

「本当に素晴らしい学校で、私の原点と言ってもよい」

その素晴らしさの中でも、俳優の児玉清さんとの対談に出てくる以下の個所が、私には印象的だった。

米原　ロシア語学校に行って、国語の授業の違いに愕然としたんです。日本だと「よく読めましたね」でおしまいだけど、プラハでは「よく読めました。では今読んだところをかいつまんで話しなさい」ってやられるの。それも、毎日。

児玉　要点をちゃんと言いなさいと。

米原　これをやられると、読みながら中身をつかまえるのが習性になるんです。受け身ではない攻撃的読書。

学校の国語の時間に、先生から、

「では、教科書の五ページ目のところを○○君、呼んでください」

と言われて読んだ経験は誰にも覚えがあるだろうが、「いま読んだところをかいつまんで話しなさい」などと言われた人はいないのではないか。

単に読むだけでなく、読んだ直後、内容をかいつまんで話すのは容易にできるものではない。文字を声に出して読むだけでなく、何がどのように書かれているかを、読みながら考え、把握して話すというのは、大変な緊張を強いられる。

それを毎日、国語の授業でやらされる生徒たちは、やがて習性となって、「読んだばかりの内容を、かいつまんで話せる」ようになるのである。

話を聞いて、その内容を的確に自分の言葉で要約して話す。この力を身につけるためにも、プラハの学校のやり方は役立つが、日本の学校ではやっていないのである。

❖「再現」と「要約」の練習

話し方研究所で行なっている「話し方講座」では、「再現」と「要約」の練習を実施している。最初に、話し手が一分間の話をする。そして、聞き手にその場でいま聞いた話について、そっくりそのまま再現してもらうのが「再現」練習である。

この練習の目的は、たった一分間の話でも、正確に聞いて、そのまま再現することが意外に難しいことを実感してもらうところにある。

聞き間違えたり、聞きもらしたり、話していないことをつけ加えたりする人も多い。それでも何度か練習するうちに、話したままを再現できるようになる。集中して耳を傾けることで、何がどう話されたかを考えながら聞けるようになるのである。

次に行なうのが「要約」の練習である。話し手が二分間話した内容を、要点をかいつまんで話す練習である。元の話は二分間でも、三十秒以内に要約して話してもらう。

二分間の話を三十秒に短縮して話せばよいのではない。聞きながら、話の内容をつかみ、要点を自分の言葉で短く話してもらうのである。

近頃の若い人は、メモをとらない者が多いが、メモをとるのは、聞きながら考え、それを要約する練習になる。とったメモで、その人の〝要約力〟の程度がわかったりする。

❖要約して返す際のポイント

日常の会話のやりとりでは、聞いた話をそっくりリピートすることはしない。いかに的確に要約して返すか、という場面がほとんどである。その際、注意しなければならないことがある。

①主題を把握する

話し手の主題は何であるか、一言で何を言いたいのか、を考えながら聞いて理解する。

②聞きながら内容を整理する

話が前後したり、順序が入り乱れたりすることがよくある。聞きながら、入りくんだ内容をときほぐし、整理する。

③部分に反応しない

気になる個所にこだわると、何が言いたいのかがわからなくなる。要は、全体像を把握してまとめるのである。これができるようになると、元の話が全体像との関係で位置づけされ、整合性のある話として、要約して返すことが可能になる。

要点を正確につかんで相手に返すには、考える力がいる。すなわち、**聞く力を伸ばすことは、考える力を育てる**ことでもある。

4 「その場力」でフレキシブルに対応する!

❖数あるコミュニケーションの定義

コミュニケーションに関する定義は、人の数ほどある、と言われている。「話し上手とは?」の問いに対しても、その答えは人によってさまざまである。

私個人としても、「話し上手とは?」について、これまでいくつもの定義を下してきたが、いまだに定まってはいない。

そこで、ここでは「話し上手な人」と、「人」を加えて捉えてみたい。すると、次のように定義できそうだ。

話し上手な人とは、「会って話がしたい人」のことをいう。いくら話し上手を自認しても、相手に(あの人とは話したくない)と思わせるようでは、「話し上手」とは言えない。

聞き上手も同様で、「会って話を聞いてほしい人」のことをいう。話し手から(あなたに話を聞いてほしい)と思われる人こそ、本物の聞き上手であることは、これまで何度も述べてきた通りである。

お互いの思い、すなわち、（話したい）（聞きたい）が合致したとき、コミュニケーションはもっとも活発に動き出す。

あなたは、上司から、部下から、同僚から、顧客から、知人・友人から、

（会って話したい人）

（会って話を聞いてほしい人）

と、思われているだろうか。

そうなるためには、何が必要だろうか。どんな力があれば、「話し上手」「聞き上手」になれるのか。

一言で言えば、それは「その場力」である。この言葉はすでに第1章で紹介したが、本章でも再び取り上げることにしたい。なぜなら、「その場力」こそ、「話し上手」「聞き上手」を支える大きな力であるからだ。

❖「その場力」をどう身につけるか

以下、「その場力」について、三つに分けて述べていきたい。

①瞬間対応力を磨く

事前に抱いた思いなどに左右されずに、場面に応じて、相手や状況の意味するところを一瞬で判断して、対応する力のことを「瞬間対応力」という。

人はとかく、思い込みや決めつけなどにより、その場の相手やそのときの状況を、ありのままに捉えられないことがある。

相手の気持ちやその場の状況は、その都度変化するのに、自分が抱いている固定観念にとらわれて対処してしまう人は、決して少なくない。

ある日の早朝、年配の上司と若い部下が空港のロビーで待ち合わせをした。時間になっても部下が来ないので、

（いったい、何をやってるんだ！）

と、上司はいら立っていた。そこへ、部下が、

「遅くなってすみません」

と、謝りながら近づいてきた。そして、あくびをかみ殺しながら、こう言ったのだ。

「ああ、眠い」

この一言に腹を立てた上司は、部下を叱りつけた。

「いい若い者が朝っぱらから眠いとはどういうことだ。今日は出張先で、厄介な交渉が待っているというのに、緊張が足りないぞ」

部下は、それこそ「朝っぱらから」叱られ、シュンとなってしまった。

右の例は、たまたま近くにいた私が見かけた「上司と部下のやりとり」だが、自分がこの上司だとしても、同じようなことを言いかねないと思ったものだ。

考えればわかることだが、朝から眠いのは、若いがゆえであって、年寄りは朝早くから目がさめてしまうものだ。この当然のことが、上司の抱いているであろう（若い者は朝早く起きて、上司より先に待ち合わせ場所に来ているもの）との決めつけに邪魔されて、見えなくなっているのである。

そのとき、その場の状況に応じて、適切に判断ができる上司なら、次のように言えるはずだ。

「やっぱり若いんだな。オレなんか、四時か五時になると、目がさめてしまう。寝るのも体力だっていうからな」

こんな言い方ができれば、部下の対応も変わってくる。

「申し訳ありません。朝一番のバスに乗ろうと思って、目覚まし時計をかけておいたんですが、つい寝すごしてしまって」

「わかった。眠いのは仕方ないにしても、待ち合わせ時間に遅れるのはよくないぞ」

こう釘《くぎ》を刺しておけばよいことである。

その場の相手の気持ちや発言に応じて、**フレキシブルな対応をとるためには、「いつも通り」の対応でなく、その場に応じた「いつもとは違う」対応**を心がけなければならない。

②観察力を養う

では、「いつもとは違う」対応を心がけるには、どうすればよいか。それには物事をしっかり観察する力を身につけることである。

「いつも通り」が先行すると、観察力が働かなくなる。観察力を磨くには関心を外に向けることである。いつも自分の内に閉じこもっている人は、目が外に向かないのだ。

日常の出来事は見馴れているために、注意深く関心を向けることがない。そのため、人は日常を一番観察していないともいえる。単に見るだけでなく、注意深く変化を観察する習慣をつけたいものだ。

怒鳴り込んできた市民の胸ポケットに、納付書がのぞいているのに気づいた役所の上司は、日頃から、物事をよく観察していたから、それができたのである。

③想像力を働かせる

事実や出来事、それ自体は無色である。**観察して気づいた人の姿・行動・出来事などが何を意味するかは、想像力を働かせる**必要がある。

毎日、アイロンのかかった、おろし立てのようなワイシャツを着ている人が、その日のワイシャツには、ところどころシワがよっていた。この事実から、何を考え、どう判断するかは想像力による。

電車に乗ると、乗客の半分以上がスマホの画面に目を向けている。これでは、観察力も想像力も育たない。

東京の中目黒から北千住間を走る地下鉄・日比谷線に乗って気づくのは、乗客の層が実にさまざまだということである。

座っている乗客を一人ひとり観察しながら、

（この人はどんな仕事をしているのだろうか。年齢は、家族は……）

などと、頭の中で想像するのは楽しいものである。もちろん、単なる推測にすぎないが、想像力を磨くにはいい機会だと思う。

これまで、「その場力」を支える「三つの力」について述べてきたが、話を聞く場面において、いずれも求められる力であるとともに、人の話を聞くことによって養われていく力でもある。

「話し上手」になれるか否かは、つまるところ、「その場力」をいかに育《はぐく》み、自分の血肉としていくかにかかっているともいえる。

人の話を聞くにしても、**あらかじめ抱いていた自分の見方によって聞くのでは、「自分に都合のよい聞き方」しかできない**ことになる。

相手の話をそのまま、あるがままに聞いて、次にどう返していくかで、その後のコミュニケーションは大きく変わっていくのである。

「聞き上手」になることで、「その場力」という力が手に入るのだとすれば、これこそ、一番の宝ものといえるだろう。

5 あなたを話し上手へと導く「聞く力」！

❖人としての原点の言葉「ありがとう」

道を譲っても無言で通りすぎる人が珍しくなくなった。対向車が行きすぎるのを停車して待っていても、「ありがとう」の合図ひとつない。

「いまは当たり前ですよ」

年配のタクシー運転手のあきらめ切った一言に、気が重くなった。

「ありがとう」「おかげさまで」――この二つは、協力しあって生きていく人間にとって、忘れてはならない言葉であり、心である。

「ありがとう」を、自分の言葉として、心を込めて発することは、すべてのコミュニケーションの出発点である。

研修を終えて、事務所に戻ってきた若い講師が、満面に笑《え》みを浮かべて言った。

「いやあ、感激しました。話し終わって帰ろうとした私を、受講者たちが出口まで見送ってくれ、拍手までしてくれたんです」

彼は心から喜んでいて、いかにもうれしそうだった。そんな彼に、

「よかったね」

と、一言告げてから、私はもう一言、つけ加えた。

「私にも経験があるけど、相手が熱心に聞いてくれ、盛大な拍手までしてくれたりするのはうれしいものだよね。そんなとき、忘れてはいけないことがひとつあるんだ」

彼は一瞬、真顔になった。

「それは、聞いてくれた人たちへの感謝であり、すなわち『ありがとう』の一言なんだ」

「うーん」

と、彼は考え込み、

「そうですね、自分だけ有頂天《うちょうてん》になってしまいそうですね」

と、応じた。

「実は、私もかつて先輩に言われたことがあるんだよ。話がうまくいって、その場が盛り上がったりすると、内心、自分の話す力も相当なものだと、うまくいったのは自分がいい

話をしたからだ、などと自惚《うぬぼ》れたくなるものだが、とんだ思い違いなんだ。聞き手が熱心に聞いてくれたおかげで、うまく話せたにすぎない。

だから、講演の最後には、『話を熱心に聞いてくださって、ありがとうございました』と、心を込めて言うことだ。

このように先輩に教わって以来、『ありがとうございました』を言うようにしているんだ」

かつての私は、講演を終えるときに、「ありがとうございました」と言うのに、抵抗を感じていたものである。どうも聴衆に媚《こ》びているようで、いやだったのである。

もちろん、私の浅はかな思い違いであり、先輩に言われて目がさめたのだ。

あるとき、アメリカのテレビドラマで、父親が子どもに話をしているシーンを目にした。話し終えると、父親が子どもに向かって、こんな言葉を口にした。

「お父さんの話を聞いてくれてありがとう」

日本でも、若い父親はこんなふうに言っているのだろうかと思って、時折、思い出したりしている。

❖「しゃべってもらえないのは、聞く力が足りないから」

「ありがとう」は、話を聞かせてもらった場合にも言うべき大事な一言である。聞き手は、話を聞こうにも、話し手が話してくれなければ聞き手にすらなれない。話してくれること自体に感謝すべきなのである。


仕事柄、インタビューを受けることがよくあるが、あるとき、私は冒頭から、

「忙しくて、なんの準備もできていないので、あなたの取材にきちんと答えられるかどうか、わかりませんよ」

と、言ってしまった。

すると、三十代と思《おぼ》しき男性記者はこう答えた。

「話をしてくださるだけでも、ありがたいことです。どうぞ、よろしくお願いします」

相手のほうが一枚上だった。

帰りがけに、こちらから質問してみた。

「口が重くてしゃべってくれない人の場合、どうするんですか？」

彼は次のように答えた。

「無口な人でも、話したいことは必ずあるものです。しゃべってもらえないとしたら、私の聞く力が足りないだけです」

この日のインタビューは、私のほうが学ばせてもらった。

話し手にも、いろいろなタイプがいる。気軽に話してくれる話し好きの人の場合、放っておくと、次々と話題が飛び出して、何を言いたいのか、理解できなくなったりする。こんなときは相槌を使って、こちらから話を整理し、不明な個所は質問をする。聞く技術を磨くチャンスと捉えればありがたいことである。

口の重い人は、質問して話を引き出したり、相手の感情を察知して、興味・関心の対象を探り出し、突破口とする。

話を聞くことによって得られるメリットは、すでに述べたように数多くある。話を聞く相手は、自分とは異なる存在である。相手は自分にないものを持っている。聞くことで、自分の視野が広がるのである。

❖「聞く」経験を積むことが「話し上手」への近道

「聞く」とは相手を知ることである。

相手の話に耳を傾けることによって、相手のことがわかってくる。予想通りのこともあれば、そうでない場合もある。予想が外れて、それに気づくのも新たな発見であり、かえって相手との関係が深まったりもする。

このような**「聞く」経験の積み重ねが、やがて、あなたを「話し上手」に導いていくの**である。

話すのが得意で、ついしゃべりすぎてしまう若手のリーダーがいた。彼は上司に勧められて、話し方講座を受講した。

（あの、おしゃべりの彼が、なんで話し方講座に？）

周囲の人はこんな疑問を抱いたものだが、三カ月が過ぎた頃、彼はむしろしゃべらなくなって、聞き役に回ることが多くなった。

その分、単なるおしゃべりではなく、本物の「話し上手」に近づきつつあるのだと上司は気づき、満足した。

「話し上手」を自認する人も、話は苦手だと自信の持てない人も、まずは「聞き上手」を心がける。一見、回り道のようでも、「話し上手」への道は確実に近くなるからである。

これは近道ではあっても、逃げ道や抜け道ではない。本当の「話し上手」に通じる、正当な道なのである。

著者：福田　健（ふくだ・たけし）
1961年、中央大学法学部卒業後、大和運輸（ヤマト運輸）入社。67年、言語科学研究所入所。指導部長、理事を歴任。83年、株式会社話し方研究所を設立。所長に就任。2004年からは会長を務める。
研究所主催のセミナーで指導にあたるほか、各企業・官公庁で講演・講座活動を行なっている。
主な著書に、『「謝り方」の技術』（三笠書房）、『気まずい空気をほぐす話し方』（KADOKAWA）、『人は「話し方」で9割変わる』『女性は「話し方」で9割変わる』（経済界）などがある。

（株）話し方研究所
〒103-0012
東京都中央区日本橋堀留町1丁目10-16　第8センタープラザ7階
TEL:03(5649)0874
URL:http://www.hanashikata.co.jp

相手に気持ちよく「しゃべって」もらう技術

2017年 1月 9日　第1版 第1刷発行

著者	福田　健
制作・DTP	釈迦堂アキラ
編集協力	もみじ社
カバーデザイン	大澤 康介
印刷	株式会社 文昇堂
製本	根本製本株式会社

発行人　西村貢一
発行所　株式会社 総合科学出版
〒101-0052　東京都千代田区神田小川町 3-2 栄光ビル
TEL　03-3291-6805（代）
URL：http://www.sogokagaku-pub.com/

Printed in Japan　ISBN978-4-88181-855-8　C2011